融媒体版
入眼·入脑·入手
易教·乐学

中等职业教育财经商贸类系列教材
电子商务专业校企合作创新成果

电子商务实务

DIANZI SHANGWU SHIWU

主　编◎张成武

副主编◎吴玉红　林海青

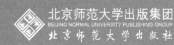

北京师范大学出版集团
BEIJING NORMAL UNIVERSITY PUBLISHING GROUP
北京师范大学出版社

图书在版编目（CIP）数据

电子商务实务 / 张成武主编. — 北京：北京师范
大学出版社，2020.04（2024.7重印）
中等职业教育财经商贸类系列教材
ISBN 978-7-303-25383-8

Ⅰ．①电…　Ⅱ．①张…　Ⅲ．①电子商务-中等专业学
校-教材　Ⅳ．①F713.36

中国版本图书馆CIP数据核字(2019)第279692号

教材意见反馈：　　gaozhifk@bnupg.com　010-58805079
营销中心电话：　　010-58802755　58801876

DIANZI SHANGWU SHIWU

出版发行：北京师范大学出版社 www.bnupg.com
　　　　　北京市西城区新街口外大街12-3号
　　　　　邮政编码：100088

印　　刷：天津中印联印务有限公司
经　　销：全国新华书店
开　　本：787mm×1092mm　1/16
印　　张：11.75
字　　数：336千字
版　　次：2020年4月第1版
印　　次：2024年7月第3次印刷
定　　价：30.80元

策划编辑：鲁晓双　　　　　　责任编辑：鲁晓双
美术编辑：焦　丽　　　　　　装帧设计：焦　丽
责任校对：康　悦　　　　　　责任印制：马　洁　赵　龙

版权所有　侵权必究

前　言

近年来，我国电子商务交易额一直保持快速增长势头，2017-2021年中国产业电商市场规模（增速）分别为20.5万亿元（22.75%）、22.5万亿元（9.75%）、25万亿元（11.11%）、27.5万亿元（10%）、29.11万亿（5.85%）。2021年天猫双11总交易额5403亿元，创下新高，比2020年4982亿元的交易额增长了8.45%。这让人们看到了我国网络零售市场发展的巨大潜力。截至2022年6月，我国网民规模达到10.51亿，普及率为74.4%。其中，手机网民规模已达10.46亿，网民通过手机接入互联网的比例高达99.6%，网购用户规模达到8.4亿，几乎所有网购者都是用手机购买的，消费者手机上网消费的习惯已被养成。随着电子商务行业的崛起，大量传统企业开始争相涌入电子商务领域，对应从业人才的需求也大量增加。我们牢记为党育人、为国育才的使命，"坚持尊重劳动、尊重知识、尊重人才、尊重创造"，按照党的二十大报告要求，为建设规模宏大、结构合理、素质优良的电子商务行业人才队伍，为把我国建成富强民主文明和谐美丽的社会主义现代化强国贡献力量。

本书为适应我国经济发展对电子商务人才的需求，深化职业教育产教融合，大力推行"1+X"证书制度，按照电子商务技能人才生涯发展规律要求编写。其特色是突破知识体系界限，强调岗位综合能力训练，以工作流程（项目）或专业能力标准来划分项目，即采用"项目"—"任务"—"活动"的方式编写，每个项目设计了2～4个任务，为完成总计19个任务，精心设计了45个活动。全书在任务中贯穿活动，做到讲练结合，每个项目结束，进行项目小结和实战训练检测，每个项目还配有一定量的一体化习题，真正做到由浅入深，让学生在学中做，在做中学。

本书由安徽粮食经济技师学院（安徽科技贸易学校）张成武担任主编，合肥市经贸旅游学校吴玉红等担任副主编，张成武负责统稿审校等工作。全书编写分工如下：项目一由安徽万通技工学校李学君编写，项目二由淮南技工学校王欢编写，项目三由合肥市工业学校景莎莎编写，项目四由安徽汽车工业学校卢倩倩编写，项目五由淮北工业与艺术学校任嫚嫚编写，项目六任务一、任务四由合肥市经贸旅游学校吴玉红编写，任务三、任务四由安徽一兀传媒有限公司夏丽君编写，项目七由安徽粮食经济技师学院林海青编写，项目八由安徽粮食经济技师学院刘晓璇编写。

对中教畅享（北京）科技有限公司、安徽一兀传媒有限公司在编写过程中给予的大力支持表示感谢！

本书在编写过程中，我们参阅了有关教材、著作和某些网站的网页资料，在此一并表示感谢！教材中涉及部分品牌信息，仅用于案例分析，不作任何推荐，如有问题，请将反馈意见发送至编辑邮箱（luxiaoshuang@bnupg.com）。

由于编者水平有限，时间仓促，书中不足之处在所难免，恳请广大读者和同行批评、指正。

编　者

目 录

CONTENTS

项目1 认识电子商务

项目概述

　　电子商务专业是融计算机科学、市场营销学、管理学、法学和现代物流于一体的新型交叉学科，主要培养掌握计算机信息技术、市场营销、国际贸易、管理、法律和现代物流的基本理论及基础知识，并且具有利用网络开展商务活动的能力和利用计算机信息技术、现代物流方法改善企业管理方法，进而提高企业管理水平能力的创新型复合型电子商务高级专门人才。

　　电子商务是现代服务业中的重要产业，近些年一直呈现高速增长态势。目前我国已开始进行信息技术升级换代和信息产业结构调整，这就为电子商务的进一步发展创造了良好条件。

　　通过本项目的学习，学生对电子商务的基本概念有了初步的认识，为专业课学习打下基础。也进一步让学生了解电子商务在企业中的基本应用，明确电子商务的功能及其发展过程，使学生对以后的学习增加了信心，也可以在以后的学习中有重点地、有目标地学习。

认知目标

　　1. 了解电子商务。

　　2. 理解电子商务的概念、特点。

　　3. 掌握电子商务的功能。

　　4. 了解电子商务的产生和发展过程。

技能目标

　　1. 认识不同的电子商务类型，如移动电商、跨境电商、农村电商等。

　　2. 体验搜一搜、扫一扫功能的使用。

素养目标

　　1. 培养学生热爱电子商务的意识。

　　2. 培养学生的工作能力。

任务一 走进电子商务

任务描述

对于"吃货一族"来说，美食是不可辜负的；而对于商家来说，吃货就是他们的客户。晓丽就是一名"吃货"，晓丽只要到了一个新环境，就会拿出手机、打开App（应用程序）寻找各种美食，通过手机下单，且商家承诺用户下单后1小时内送货上门，从而让吃货们可以足不出户就能品尝到周边的美食。像这种借助应用软件在互联网上开展在线销售活动的就被称为电子商务模式，那么到底什么是电子商务呢？它有何优势呢？

任务分解

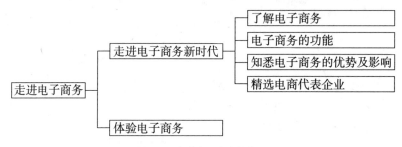

图1-1 走进电子商务框架图

活动一 走进电子商务新时代

从传统的"民以食为天"到今天的"没空做饭"。上班族工作压力大、没时间做饭等因素让商家看到商机，造就了蓬勃发展的外卖网站。大学生因为怕拥挤、寻求方便而选择放弃食堂，使用各种外卖软件订餐。像这种都是对电子商务的应用，那么到底什么是电子商务呢？它有什么功能呢？它对我们的生活有什么影响呢？

一、了解电子商务

（一）电子商务的概念

图1-2 电子商务的概念

电子商务（Electronic Commerce）的崛起源于20世纪90年代，经过近三十年的快速发展，电子商务行业经历了从电子商务技术、电子商务服务到电子商务经济的发展过程，走过了从具体的技术应用发展到相关产业的形成，通过创新与协同发展融入到国民经济各个组成部分的发展历程。随着近年来信息技术的高速发展，电子商务经济以其开放性、全球化、低成本、高效率的优势，广泛渗透到生产、流通、消费及民生等领域，在培育新业态、创造新需求、拓展新市场、促进传统产业转型升级、推动公共服务创新等方面的作用日渐凸显，是推动"互联网+"的重要力量，成为了国民经济的重要组成部分和社会发展新动力。

电子商务究竟是什么呢？电子商务是指通过互联网等信息网络销售商品或者提供服务的经营活动。它是各种具有商业活动能力的实体（包括生产企业、商贸企业、金融机构、政府机构及个人消费者等）利用网络和信息技术进行的各种商业活动。我们也可理解为在互联网（Internet）、企业内部网（Intranet）和增值网（Value Added Network，VAN）上以电子交易方式进行交易和相关服务的活动，使传统商业活动各环节电子化、网络化、信息化。电子商务具有虚拟性、高效性、方便性、安全性、集成性和可扩展性的特点。

（二）电子商务的功能

1. 广告宣传

电子商务可凭借企业的网页服务器和客户的浏览，在互联网上发布各类商业信息。客户可借助网上的检索工具迅速地找到所需商品信息，而商家可利用网上主页（Home Page）和电子邮件（E-mail）在全球范围内做广告宣传。与以往的各类广告相比，网上的广告成本最为低廉，给顾客的信息量却最为丰富。

2. 咨询洽谈

电子商务可借助非实时的电子邮件，新闻组（News Group）和实时的讨论组（Chat）来了解市场和商品信息、洽谈交易事务，如有进一步的需求，还可用网上的白板会议（Whiteboard Conference）来交流即时的图形信息。网上的咨询和洽谈能跨越人们面对面洽谈的限制，并提供多种方便的异地交谈形式。

3. 网上订购

电子商务可借助网页中的邮件交互传送实现网上的订购。网上的订购通常都是在产品介绍的页面上提供十分友好的订购提示信息和订购交互格式框。当客户填完订购单后，系统通常会回复确认信息单来保证订购信息的收悉，也可采用加密的方式使客户和商家的订购信息不会泄漏。

4. 网上支付

电子商务成为一个完整的过程，网上支付是重要的环节。客户和商家之间可采用银行卡账号进行支付。客户在网上直接采用电子支付手段可省去交易中很多人员的开销。网上支付需要更为可靠的信息传输安全性控制，以防止欺骗、窃听、冒用等非法行为发生。

5. 电子账户

网上的支付必须要有电子金融来支持，即银行或信用卡公司及保险公司等金融单位要为金融服务提供网上操作的服务。而电子账户管理是其基本的组成部分。

6. 物流服务

对于已付款的客户，商家应将其订购的货物尽快地送到客户的手中。而有些货物在本地，有些货物在异地，电子邮件将能在网络中进行物流的调配。而最适合在网上直接传递的货物是信息产品，如软件、电子读物、信息服务等。它能直接从电子仓库中将货物发到用户端。

7. 意见征询

商家能十分方便地采用网页上的"选择""填空"等格式文件来收集用户对销售服务的反馈意见。这样使企业的市场运营能形成一个封闭的回路。客户的反馈意见不仅能提高售后服务的水平，更能使企业获得改进产品、发现市场的商业机会。

8. 交易管理

整个交易的管理将涉及人、财、物多个方面，企业和企业、企业和客户及企业内部等各方面的协调和管理。因此，交易管理是涉及电子商务活动全过程的管理。电子商务的发展，将会提供一个良好的交易管理的网络环境及多种多样的应用服务系统，这样能保障电子商务获得更广泛的应用。

二、了解电子商务的概念模型

电子商务的概念模型是对现实世界中电子商务活动的一般抽象描述，它由电子商务实体，交易事务，电子市场以及信息流、资金流、物资流基本要素构成，如图1-3所示。

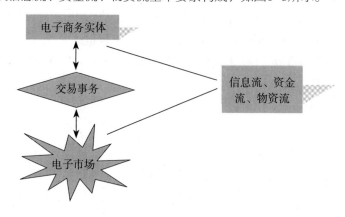

图1-3　电子商务的概念模型

三、知悉电子商务的优势及影响

（一）电子商务的优势

第一，电子商务将传统的商务流程电子化和数字化，一方面以电子流代替了实物流，可以大量减少人力、物力，从而降低成本；另一方面突破了时间和空间的限制，使得交易活动可以在任何时间、任何地点进行，从而大大提高了效率。

第二，电子商务所具有的开放性和全球性的特点，为企业创造了更多的贸易机会。

第三，电子商务使企业可以以相近的成本进入全球电子化市场，使得中小企业有可能拥有和大企业一样的信息资源，提高了中小企业的竞争能力。

第四，电子商务重新定义了传统的流通模式，减少了中间环节，使得生产者和消费者的直接交易成为可能，从而在一定程度上改变了整个社会经济运行的方式。

第五，电子商务一方面破除了时空的壁垒，另一方面又提供了丰富的信息资源，为各种社会经济要素的重新组合提供了更多的可能，这将影响社会的经济布局和结构。

（二）电子商务的影响

第一，改变人们的消费方式：网上购物的最大特征是消费者的主导性，购物意愿掌握在消费者手中；同时消费者还能以一种轻松自由的自我服务的方式来完成交易，消费者主动权可以在网络购物中充分体现出来。

第二，改变人们的思想态度：人们不只局限于线下消费，现在越来越多的人喜欢在网上购物，并且有些商品线上比线下便宜，使人们更加喜欢在网上购物。

第三，改变人们的信息获取方式：人们以前主要从电视、广播、书籍、报纸和杂志等传统媒体中获取信息，现在，人们主要通过网络来获取信息，真正实现了大众传媒的作用。

第四，改变人们的教育方式：以前教育主要通过现实面对面的方式，现在有了互联网的广泛应用、电子商务的推广，网络学校应运而生了。

第五，改变了人们的娱乐方式：以前看电影都需要去电影院，现在只需要在家里安装网络电视，大部分电影、电视剧都可以在电视上观看，甚至健身、唱歌都可以。

四、精选电商代表企业

（一）阿里巴巴

2015年，阿里巴巴全面收购优酷土豆，布局娱乐生态，壮大阿里影业，画下国内影视新版图。

和小伙伴们投资虎嗅、第一财经、36氪、封面传媒等传统媒体和新媒体，布局新语境下的话语权。入股魅族，抢占移动端入口。入股苏宁云商，叫板京东，物流赶超不在话下。走出国门，收购了美国电商公司Zulily 9%的股份，投资美国网络零售商Jet.com等。马云既是双11最"挥金如土"的缔造者，也是"买买买"的践行者，2018年双11全天交易额2135亿元，突破两千亿大关。2019年6月18日，阿里巴巴集团宣布重组创新业务事业群，盒马升级为独立事业群，钉钉进入云智能事业群等。2019年11月26日上午9：30，阿里巴巴集团正式在港交所挂牌上市，开盘187港元，成为首个同时在美股和港股两地上市的中国互联网公司。马云称，未来一段时间，阿里将继续围绕全球化、农村电商、云计算大数据三大战略发展。

点评：放眼望去，中国互联网版图内都是阿里巴巴的小伙伴。17年的创业，阿里形成了一个近乎完美的生态圈，涉足金融、文化、医疗、影视、体育、旅游、汽车、地产、传媒、家电家居等领域，马云将如何带领阿里这个目前国内最大的B2B电子商务企业成就更多的奇迹，我们拭目以待。

（二）京东集团

京东，中国自营式电商企业，创始人刘强东担任京东集团董事局主席兼首席执行官。京东旗下设有京东商城、京东金融、拍拍网、京东智能、O2O及海外事业部等，先后组建了上海及广州全资子公司，将华北、华东和华南三点连成一线，使全国大部分地区都覆盖在京东商城的物流配送网络之下。同时京东不断加强和充实公司的技术实力，改进并完善售后服务、物流配送及市场推广等各方面的软、硬件设施和服务条件。京东商城组建以北京、上海、广州、成都、沈阳、西安为中心的六大物流平台，以期能为全国用户提供更加快捷的配送服务，进一步深化和拓展公司的业务空间。

2018年7月27日，中国互联网协会、工业和信息化部信息中心联合发布了2018年中国互联网企业100强榜单，京东排名第四。

2019年8月14日，"2019年中国互联网企业100强"发布，京东排名第四。

2019年12月12日，《汇桔网·2019胡润品牌榜》发布，京东以1000亿元品牌价值排名第22，上榜2019最具价值中国民营品牌十强，排名第9；2019金融品牌价值全国排名第8；2019金融品牌价值民营排名第二。

点评：国际化带来竞争全球化，中国电子商务领域风云变幻，京东作为首当其冲的旗帜性企业，不可避免地会迎来更为激烈甚至白热化的商业竞争。面对愈发激烈的市场竞争，京东不仅协同战略合作伙伴加强密切合作关系，更要与对手在充分竞争的基础上展开合作。在发展上，京东秉承先人后企、以人为本的理念，在诚信的基础上建立与用户、供应商、投资方等多方合作者之间最为融洽的合作关系。如今消费者可在京东商城零买一罐可乐、一瓶酱油，京东都会送货到家，再加上支持货到付款等服务，真正能帮用户实现购物的"多、快、好、省"。

（三）拼多多

拼多多是国内主流的手机购物应用程序，成立于2015年9月，用户通过发起和朋友、家人、邻居等的拼团，以更低的价格，拼团购买商品。拼多多旨在凝聚更多人的力量，用更低的价格买到更好的东西，体会更多的实惠和乐趣。

2018年7月26日，拼多多在美国上市。2019年9月7日，中国商业联合会、中华全国商业信息中心发布2018年度中国零售百强名单，拼多多排名第3位。2019年12月，拼多多入选2019中国品牌强国盛典榜样100品牌。

点评：很多人听到拼多多，可能印象最深的就是那个广告歌了，因为平时在地铁上或是在电梯里的广告屏幕上经常听到。拼多多崛起两年多之久，全民评价可谓是褒贬不一，有争议就会有关注，这个是不可避免的。现在的拼多多已经跻身为热火的用户软件，可以说是在争议中成长起来的。

拼多多现在是成功的，说明拼多多有很多可取之处。极致低价就是拼多多最重要的特点之一。

再就是拼多多人群定位精准，拼团的方式能够迅速形成裂变，让更多的人参与进来。拼多多能够在电商市场快速崛起总归是有成功的理由的。特别是腾讯的加入，腾讯本来就对电商市场分外眼红，腾讯曾经自己做电商平台一直不成功，之后投资京东成为第二大股东，现在又领投了拼多多。

（四）苏宁易购

苏宁易购是苏宁易购集团股份有限公司旗下新一代B2C网上购物平台，是中国领先的O2O智慧零售商，总部位于南京，现已覆盖传统家电、3C电器、日用百货等品类。2012年4月23日，"云集苏宁，易购天下"苏宁易购总部基地奠基仪式在集团总部举行，江苏省南京市各级政府、全球供应商、互联网与IT领域、金融界、投行、规划设计、传媒等各界合作伙伴共700多人参加，共同见证世界级电子商务总部建设的启动。

2018年1月15日，开年伊始，董事长召集全体管理人员，再次拉开了"场景互联网零售"的"造极"大幕，并制定出2020年向着交易规模四万亿、线下两万店和全渠道高于互联网转型期两倍增速的目标全力冲刺。

2018年3月3日，履新全国人大代表的董事长张近东带着4个建议"上会"，涉及绿色物流、电商扶贫、赛事直播保护、消费大数据平台等。

2019年9月7日，中国商业联合会、中华全国商业信息中心发布2018年度中国零售百强名单，苏宁易购排名第4位。

点评：苏宁易购是建立在苏宁云商长期以来积累的丰富的零售经验和采购、物流、售后服务等综合性平台上的，同时由行业内领先的合作伙伴国际商业机器公司合作开发的新型网站平台。虚拟经济无实体店支撑很难发展起来，苏宁B2C的优势在于可以把实体经济和虚拟经济结合起来，共同发展。

（五）唯品会

唯品会信息科技有限公司（VIPS）成立于2008年8月，总部设在广州，旗下网站于同年12月8日上线。唯品会主营业务为互联网在线销售品牌折扣商品，涵盖名品服饰鞋包、美妆、母婴、居家等各大品类。2012年3月23日，唯品会在美国纽约证券交易所（NYSE）上市。唯品会2018年总净营收为人民币845亿元，同比增长15.9%。截至2019年第二季度，唯品会已连续27个季度保持盈利。唯品会在美国零售行业杂志《Stores》联合德勤发布的《2017全球250强零售商排行榜》中，蝉联"全球增速最快的顶尖零售商"。在BrandZ™《2017年最具价值中国品牌100强》中，唯品会排名第40位，并获"最佳新晋中国品牌"称号。2019年9月，入选2018年零售百强名单。

点评：唯品会以其安全诚信的交易环境和服务平台，可对比的低价位、高品质的商品、专业的唯美设计、完善的售后服务，全方位地服务于每一位会员，致力打造为中国一流的B2C网络购物平台。唯品会在中国开创了"名牌折扣+限时抢购+正品保障"的创新电商模式，并持续深化为"精选品牌+深度折扣+限时抢购"的正品特卖模式。这一模式被形象地誉为"线上奥特莱斯"。唯品会每天早上10点和晚上8点准时上线500多个正品品牌特卖，以低至1折的折扣实行3天限时抢购，为消费者带来高性价比的"网上逛街"的购物体验。

（六）前程无忧

"前程无忧"是国内一个集多种媒介资源优势的专业人力资源服务机构，创始人为甄荣辉。它集合了传统媒体、网络媒体及先进的信息技术，加上一支经验丰富的专业顾问队伍，提供包括招聘猎头、培训测评和人事外包在内的全方位专业人力资源服务，现在全国25个城市设有服务机构。2004年9月，前程无忧成为第一个在美国纳斯达克上市的中国人力资源服务企业，是中国最具影响力的人力资源服务供应商之一。2012年，前程无忧获选《财富》美国股市100家增长最快的公司，名列第20位，中国公司中排名第二。2019年8月14日，"2019年中国互联网企业100强"发布，前程无忧排名第46位。

点评：随着网络的发展，越来越多的企业通过互联网进行招聘工作。同时企业也发现，网络招聘要发挥最大的作用，仍需经历较长的历程。前程无忧通过对企业招聘工作的细致研究，目前已推出了基于互联网的真正服务于企业招聘管理的操作系统"无忧网才"。从2002年开始，前程无忧在全国各地进行布局，并通过与当地媒体和公关公司合作，大面积在邮政报摊、公交车站和中高档写字楼免费赠阅报纸和杂志。此外，前程无忧还通过与人才服务机构联合举办招聘会的方式，既服务了客户又从中赚到了利润。这种线上和线下相互配合的经营在大规模的理性扩张中得以不断成功复制，使前程无忧的知名度得以维持和提升。

（七）携程旅行网

携程旅行网是一个在线票务服务公司，创立于1999年，总部设在中国上海。携程旅行网拥有国内外六十余万家会员酒店可供预订，是中国领先的酒店预订服务中心。携程旅行网已在北京、天津、广州、深圳、成都、杭州、厦门、青岛、沈阳、南京、武汉、南通、三亚等17个城市设立分公司，员工超过25000人。2003年12月，携程旅行网在美国纳斯达克成功上市。

2017年8月3日，2017年"中国互联网企业100强"榜单发布，携程旅行网排名第9位。2019年7月，全球上市互联网30强榜单发布，携程排名第27位。2019年8月14日，"2019年中国互联网企业100强"发布，携程排名第16位。

点评：随着中国旅游业的蓬勃发展和在线旅游行业的迅速崛起，携程网将面临着竞争对手只会增加不会减少的情况。携程旅行网目前占据中国在线旅游50%以上市场份额，是绝对的市场领导者，但竞争对手的能力正在不断增强，就此而言，携程旅行网所处的行业环境不容乐观，携程旅行网必须引起足够的重视。

（八）三只松鼠

三只松鼠股份有限公司成立于2012年，公司总部在安徽省芜湖市，是中国第一家定位于纯互联网食品品牌的企业，也是当前中国销售规模最大的食品电商企业，其主营业务覆盖了坚果、肉脯、果干、膨化等全品类休闲零食。2018年11月11日24点，三只松鼠全渠道销售额达6.82亿元，同比增长30.51%，再次刷新了由自己创造的行业纪录。

2019年12月3日，三只松鼠宣布全年销售额突破百亿，成为零食行业首家迈过百亿门槛的企业。

点评："三只松鼠"主要是以互联网技术为依托，利用B2C平台实行线上销售。凭借这种销售模式，"三只松鼠"迅速开创了一个以食品产品的快速、新鲜的新型食品零售模式。这种特有的商业模式缩短了商家与客户的距离，确保让客户享受到新鲜的食品。"三只松鼠"开创了中国食品利用互联网进行线上销售的先河。

（九）猫眼娱乐

猫眼娱乐，前身为美团网于2012年成立的娱乐部门，开展在线电影票务业务。2013年1月"美团电影"更名为"猫眼电影"，首推具有在线座位选择功能的猫眼软件。截至2018年9月30日，猫眼在中国在线电影票务市场份额高达61.3%。猫眼在电影领域的积累和经验也为其进军在线现场娱乐领域提供了先天的优势，同时已成为排名第二的在线现场娱乐票务服务平台。2019年7月9日，猫眼娱乐在北京举行"2019猫眼全文娱战略升级发布会"，正式发布猫眼全文娱战略"猫爪模型"。猫爪模型由猫眼全文娱票务平台、猫眼全文娱产品平台、猫眼全文娱数据平台、猫眼全文娱营销平台及猫眼全文娱资金平台五大平台组成，服务于现场娱乐、短视频、视频、电影、文娱媒体、剧集、音乐等全文娱产业链。

2019年8月28日，猫眼微信小程序用户规模突破2.5亿。根据 中国互联网络信息中心（CNNIC）发布第44次《中国互联网络发展状况统计报告》，截至2019年6月，中国网民规模达

8.54亿，这意味着每4位网民中，就至少有1位是"猫眼电影演出"微信小程序用户。

点评：猫眼是中国首批提供在线选座服务的互联网平台，也是首批提供在线电影票预售的公司。自2016年从美团点评拆分独立以来，猫眼在BAT（百度、阿里巴巴、腾讯）大战中脱颖而出，伴随中国娱乐产业的高速发展，在短短几年间快速发展壮大。除了自身实力之外，猫眼还背靠腾讯和美团两大股东，渠道优势明显。猫眼通过与腾讯的战略合作，成为拥有微信钱包及QQ钱包的少数几个专用入口之一，并且是唯一的电影、现场表演及体育赛事入口，还推出"猫眼电影演出"微信小程序，流量红利明显。同时，猫眼还是美团软件及大众点评软件上娱乐票务及服务的独家业务合作伙伴。

（十）环球易购

深圳市环球易购电子商务有限公司创建于2007年，致力于打造惠通全球的跨境电商新零售生态，2014年通过与百圆裤业并购完成上市。环球易购专注于跨境外贸B2C电子商务，背靠深圳高度集中的电子市场的地理优势，开发海外市场。经过努力，环球易购在海外市场建立了广阔的销售网络，得到了美国等多国客户的认可，公司业务保持着100%的增长速度。2019年8月29日，广东省企业联合会、广东省企业家协会联合公布2019广东企业500强榜单，深圳市环球易购电子商务有限公司排名第138位。

2019年9月1日，2019中国服务业企业500强榜单在济南发布，深圳市环球易购电子商务有限公司排名第325位。随着全球步入信息化大时代，国家先后发布多项利好政策，提出"一带一路"倡议，环球易购紧握机遇领先布局，专注打造世界一流的跨境电商龙头企业。

点评：环球易购聚焦"平台化、本地化、品牌化"三大核心战略，以用户体验为导向，稳步提升服务水平；持续加大研发投入，推进智能运营管理；围绕基础设施建设，全面推动物流能力提升；以全球视野，拓展新兴产业与市场；深化渠道品牌，保持行业领先优势，带领中国优质卖家与品牌共同走向全球。结合跨境电商业务的发展趋势和实际应用场景需要，环球易购将重点围绕大数据、人工智能、云计算、区块链等互联网技术进行研发投入，提升日常业务运营管理的自动化和数据化，实现业务发展从"业务推动"到"技术驱动"的战略性升级。

活动二　体验电子商务（扫一扫、搜一搜）

你如果在实体店里看到喜欢的物品，但是太贵了，想在淘宝上买，该怎么搜呢？

1. 首先确定好你需要寻找的目标，可以是实物，也可以是图片，目标准备好就可以拍照找宝贝了。

2. 打开手机淘宝，点击左上角"扫一扫"。

3. 打开"扫一扫"，拍照宝贝。

4. 拍照完毕后，自动搜索相似宝贝。当然有时候不一定能马上找到你想要的宝贝，可再尝试几次，因为这跟你拍照的效果有很大的关系，尝试几次后，应该会找到你想要的宝贝，点击进入看看。

【搜一搜】

资深的吃货怎么可以不知道美团呢？下面简单介绍美团"搜一搜"怎么用，如图1-4所示。

1. 我们打开美团网页，点击登录，输入自己的账号和密码。

2. 我们点击"搜一搜"，输入自己想要搜索的内容，就可以找到。

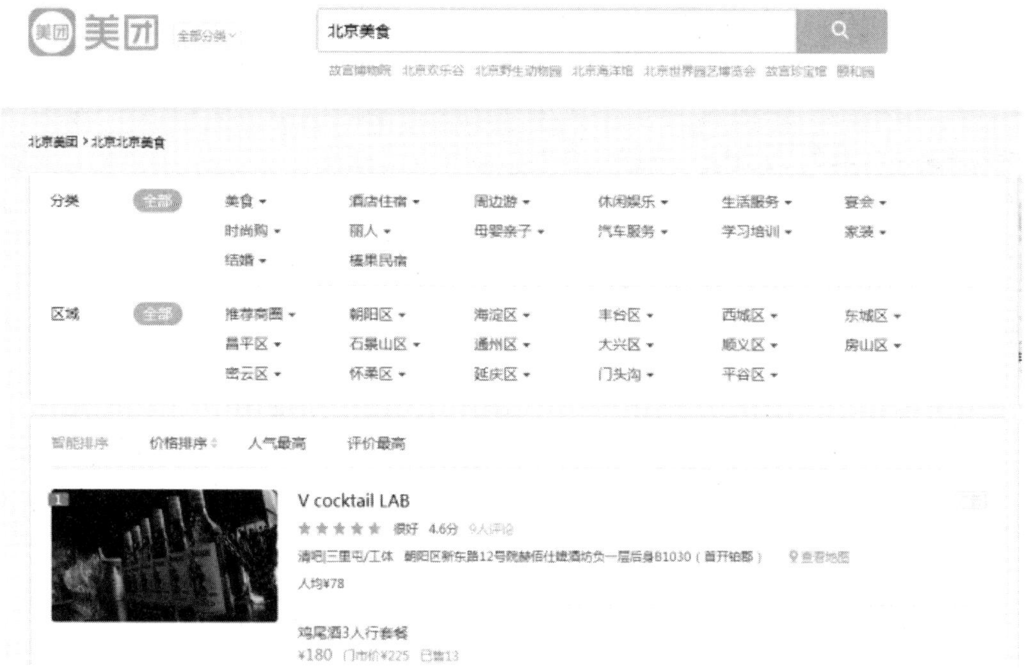

图1-4　美团网

3. 我们还可以进行分类、区域搜索。

? 【做一做（想一想）】

在电子商务环境中，客户不出门即可享受各种消费和服务，打破了传统商务时间和空间的限制。登录淘宝、美团账户，体验电子商务的方便性。

任务二　了解电子商务发展

任务描述

学习走进电子商务后，我们了解了电子商务的概念、功能。作为资深"吃货一族"的晓丽，并不是单纯地只知道吃，她也是很会用发展的眼光看全世界呢！她觉得既然电子商务这个行业如此火热，那它今后的发展趋势又是怎么样的呢？

任务分解

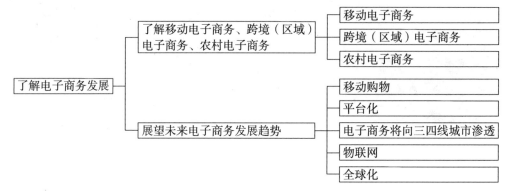

图1-5　了解电子商务发展框架图

🎥 活动一　了解移动电子商务、跨境（区域）电子商务、农村电子商务

一、移动电子商务

移动电子商务，它是由电子商务概念衍生出来的，电子商务以电脑为主要界面，是有线的电子商务；而移动电子商务，则是通过手机、PDA（Personal Digital Assistant，个人数字助理）这些可以装在口袋里的终端与我们谋面，无论何时何地都可以开始。移动电子商务就是利用手机、PDA及掌上电脑等无线终端进行的B2B、B2C、C2C或O2O的电子商务，如图1-6所示。它将因特网、移动通信技术、短距离通信技术及其他信息处理技术完美地结合，使人们可以在任何时间、任何地点进行各种商贸活动，实现随时随地、线上线下的购物与交易、在线电子支付以及各种交易活动、商务活动、金融活动和相关的综合服务活动等。

移动电子商务的优势：第一，消费者在使用移动设备时有更强的购买欲。有研究表明，用户使用移动设备进行购物时的心情更为迫切，在得到搜索结果之后，高达88%的用户在24小时之内都会下订单。第二，夜间移动设备购物带来的商机。网民在上下班时间通常是忙于收发电子邮件或使用社交网络，而夜间就是最适合移动购物的时间点。谷歌移动广告指出，来自平板电脑和智能手机的搜索请求，于晚上九点同时迎来高峰。

二、跨境（区域）电子商务

跨境电子商务是指分属不同关境的交易主体，通过电子商务平台达成交易、进行支付结算，并通过跨境物流送达商品、完成交易的一种商业活动。

跨境电子商务是基于网络发展起来的，

图1-6　移动电子商务

网络空间相对于物理空间来说是一个新空间，是一个由网址和密码组成的虚拟但客观存在的世界。网络空间独特的价值标准和行为模式深刻地影响着跨境电子商务，使其不同于传统的交易方式且呈现出自己的特点，如图1-7所示。

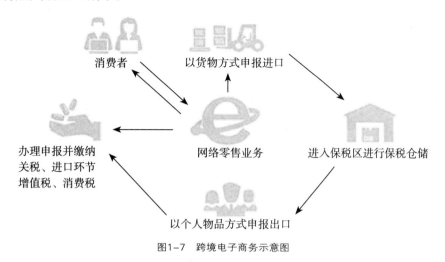

图1-7　跨境电子商务示意图

三、农村电子商务

农村电子商务，通过网络平台嫁接各种服务于农村的资源，拓展农村信息服务业务、服务领域，使之兼而成为遍布县、镇、村的"三农"信息服务站。作为农村电子商务平台的实体终端直接扎根于农村，服务于"三农"，真正使"三农"服务落地，使农民成为平台的最大受益者。

农村电子商务平台配合密集的乡村连锁网点，以数字化、信息化的手段，通过集约化管理、市场化运作、成体系的跨区域跨行业联合，构筑紧凑而有序的商业联合体，降低农村商业成本、扩大农村商业领域，使农民成为平台的最大获利者，使商家获得新的利润增长。

农村电子商务服务包含网上农贸市场、数字农家乐、特色旅游、特色经济和招商引资等内容。

网上农贸市场迅速传递农林渔牧业供求信息，帮助外商出入属地市场和属地农民开拓国内市场、走向国际市场。进行农产品市场行情和动态快递、商业机会撮合、产品信息发布等内容。

特色旅游依托当地旅游资源，通过宣传推介来扩大对外知名度和影响力，从而全方位介绍属地旅游线路和旅游特色产品及企业等信息，发展属地旅游经济。

特色经济通过宣传、介绍各个地区的特色经济、特色产业和相关的名优企业、产品等，扩大产品销售通路，加快地区特色经济、名优企业的发展。

数字农家乐为属地的农家乐（有地方风情的各种餐饮娱乐设施或单元）提供网上展示和宣传的渠道。通过运用地理信息系统技术，制作全市农家乐分布情况的电子地图，同时采集农家乐基本信息，使其风景、饮食、娱乐等各方面的特色尽在其中，一目了然。既方便城市居民的出行，又让农家乐获得广泛的客源，实现城市与农村的互动，促进当地农民的增收。

招商引资搭建各级政府部门招商引资平台，介绍政府规划发展的开发区、生产基地、投资环境和招商信息，更好地吸引投资者到各地区进行投资生产经营活动，如图1-8所示。

图1-8　电子商务进农村

活动二　展望未来电子商务发展趋势

一、移动购物

截至2019年6月，我国网络支付用户规模达6.33亿，较2018年底增长3265万，占网民整体的74.1%;手机网络支付用户规模达6.21亿，较2018年底增长3788万，占手机网民的73.4%。也就是说电子商务的主战场不是在个人电脑，而是在移动设备上。移动用户有很多的特点，首先购买的频次更高、更零碎，购买的高峰不是在白天，而是在晚上、周末和节假日。而做好移动购物，不能简简单单地把电脑电子商务搬到移动终端上面，而要充分地利用这种移动终端的特征，比如说它的扫描特征、图像特征、语音识别特征、感应特征、地理化、GPS特征等，这些功能可以真正地被移动终端带到千家万户。

二、平台化

目前，大的电商都开始有自己的平台，因为这是最充分利用自己的流量、自己的商品和服务最大效益化的一个过程，因为有平台，可以利用全社会的资源提高自己商品的丰富度，扩大自己的服务和地理覆盖范围。

三、电子商务将向三四线城市渗透

一方面来源于移动终端的继续渗透，很多三四线城市接触互联网是靠手机、平板电脑来实现的，这些城市经济收入逐年提高，再加上本地购物不便、商品可获得性很差，零售比先进国家落后。

另一方面随着一二线城市网购渗透率接近饱和，电商城镇化布局将成为电商企业们发展的重点，三四线城市、乡镇等地区将成为电商"渠道下沉"的主战场，同时电商在三四线欠发达地区可以更大地发挥其优势，缩小乡镇、三四线城市与一二线城市的消费差距。阿里巴巴在发展菜鸟裹裹物流，不断辐射三四线城市；京东IPO（首次公开募股）申请的融资金额大约在15亿到19亿美元之间，但是京东在招股书中表示，将要有10亿到12亿美元用于电商基础设施的建设，似乎两大巨头都将重点放在了三四线城市。事实上，谁先抢占了三四线城市，谁将在未来的竞争中占据更大的优势。

四、物联网

大家可以试想一下，这些可穿戴设备和射频识别技术的发展，将来芯片可以植入在皮肤里面，可以植入在衣服里面，可以在任何的物品里面，任何物品状态的变化可以引起其他相关物品的状态变化。你可以想象，如果你把一盒牛奶放进你的冰箱，进冰箱的时候自动扫描，自动知道这个牛奶的保质期，知道什么时候放进去，知道你的用量，当你要用完的时候，马上可以自动下订单，商家接到订单马上给你送货，刚好下订单可能又会触发电子商务，从供应商那里下订单，而订单触发生产，也就是说所有的零售、物流和最初的生产可以全部结合起来。

五、全球化

电子商务服务方式的出现，突破了传统贸易以单向物流为动作格局，实现了以物流为基础，以信息为核心，以商流为主体的全新战略。这意味着只要将市场的开放程度纳入一定的规范，电子商务就具备了"可贸易"的条件，将会畅通无阻地进入国际贸易领域。

目前，随着国际电子商务环境逐步完善，"可贸易"的条件日趋成熟，国际电子商务服务正从区域、经济体成员内信息聚合向跨区域、跨境和全球化电子商务交易服务发展，这使得电子商务服务也从经济体内向跨经济体、跨区域及全球化服务延伸。

可以预言，电子商务服务将带动全球电子商务的发展，成为新时期国际电子商务发展的焦点问题，这也预示着电子商务服务的全球化时代即将到来。

项目总结

本项目重点介绍了电子商务的定义、特点、功能、优势及影响。随着技术的进步和消费者需求的多样化，电子商务渗透到人们生活的方方面面，电子商务企业的人才缺口扩大化和人才结构多元化已迫在眉睫，作为职业院校学生，首先要了解电子商务的发展趋势，寻找自己的兴趣点，深入学习，勇于实践，与现代消费观念相结合，夯实技术，与企业市场需求接轨，努力做到"一专多才"。

实战训练

一、单选题

1. 电子商务的英文名（　　　）。

A. Extranet Business
B. Electronic Business
C. Electronic Commerce
D. Extranet Commerce

2. 下列各项功能中，不属于电子商务功能的是（　　　）。

A. 生产加工
B. 网上订购
C. 物流服务
D. 广告宣传

3. 以下说法不正确的是（　　　）。

A. 移动电子商务就是利用手机、PDA及个人电脑等无线终端进行的电子商务。

B. 跨境电子商务是基于网络发展起来的，是一个由网址和密码组成的虚拟、客观不存在的世界。

C. 农村电商可以降低农村商业成本、扩大农村商业领域。

D. 农村电子商务服务包含网上农贸市场、数字农家乐、特色旅游、特色经济和招商引资等。

4. 电子商务不能对企业竞争优势产生明显作用的是（　　　）。

A. 提高企业的管理水平
B. 节约企业的经营成本
C. 加速企业产品的创新
D. 提高企业的通信水平

5. 相对于传统书店，网上书店容易做到（　　　）。

A. 存书量最小、成本最高
B. 存书量最大、成本最小
C. 存书量最大、成本最高
D. 存书量最小、成本最小

二、多选题

1. 电子商务因具有以下哪些特性，可以为企业创造更多的贸易机会（　　　）。

A. 开放性
B. 虚拟性
C. 全球性
D. 安全性

2. 真正的电子商务包括（　　　）。

A. 企业前台的电子商务
B. 企业后台作业的信息化
C. 企业后台作业的信息化
D. 企业整体经营流程的优化和重组

3. 网络商品直销的优点主要有（　　　　）。

A. 环节少　　　　　B. 速度快　　　　　C. 费用低　　　　　D. 安全可靠

4. 电子商务在互联网、企业内部网和增值网上是以电子交易方式进行交易活动和相关服务的活动，是传统商业活动各环节的（　　　　）。

A. 电子化　　　　　B. 网络化　　　　　C. 信息化　　　　　D. 自动化

5. 目前移动办公终端设备主要包括（　　　　）。

A. 手机　　　　　　B. 笔记本电脑　　　　C. PSP　　　　　D. PDA

三、判断题

1. 电子商务简单地说就是商务电子化。（　　　　）

2. 网上支付必须要有电子金融来支持，即银行或信用卡公司及保险公司等金融单位要为金融服务提供网上操作的服务。（　　　　）

3. 电子商务具有开放性和全球性的特点。（　　　　）

4. 企业开展电子商务就是要实现企业在销售这一环节的电子化。（　　　　）

5. 狭义的电子商务仅仅将通过互联网进行的商业活动归属于电子商务。（　　　　）

四、案例分析题

淘宝网成立于2003年5月10日，由阿里巴巴集团投资创办。目前，淘宝网是亚洲第一大网络零售商圈，其目标是致力于创造全球首选网络零售商圈。经过11年的发展，截至2014年底，淘宝拥有注册会员5亿人，每天有超过6000万的固定访客，同时，每天的在线商品数已经超过了8亿件，平均每分钟售出4.8万件商品。据统计，淘宝网2016年的交易额达35690亿元人民币，2017年则高达46350亿元人民币，是亚洲最大的网络零售商圈。

结合以上介绍，试阐述淘宝网的商业模式，分析淘宝网的优势和目前存在的不足。

项目2 应用电子商务技术

项目概述

　　张灿灿是一家化妆品实体店的老板，近年来，随着电子商务的发展，她发现自己的实体店营业额一直在下滑，更多的顾客开始使用电子商务来购买化妆品。为了跟上时代的步伐，改善自己店面目前的窘境，她决定把自己的产品也放到网络中，这样既不影响自己的实体店经营，又能在网络中销售自己的产品，多一种销售渠道，总是有利而无害的。

　　但是，作为一个比较传统的普通人，她对网络的了解可能只有上网、聊天和视频了。她对基本的网络技术都没有任何了解，就更不要提了解电子商务的技术了。

　　所以，在正式地进入电子商务之前，张灿灿决定先简单了解一下与电子商务相关的一些网络基础知识。下面我们与张灿灿一起来认识并学习应用电子商务技术。

认知目标

1. 了解网络基础知识。
2. 认识Web开发技术及搜索引擎。

技能目标

1. 能认识不同的网络安全防护技术。
2. 能进行网络身份认证。

素养目标

1. 增强学习网络和电子商务的兴趣。
2. 培养学生的工作能力。

任务一　掌握互联网技术应用

任务描述

张灿灿知道要想进入电子商务的领域，自己首先得了解一些与之相关的网络基础知识，毕竟电子商务依赖于网络。那么所谓的网络到底是怎么连接的呢？网站又是怎么建立的呢？带着这样的疑问，张灿灿开始了下面内容的学习。

任务分解

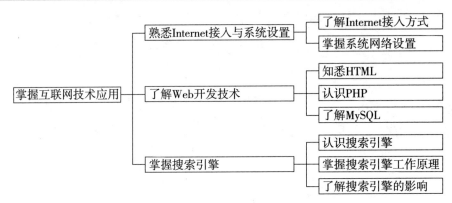

图2-1　掌握互联网技术应用框架图

活动一　熟悉Internet接入与系统设置

张灿灿打开家里的电脑，发现电脑可以直接上网，但如果说现在给她一台全新的电脑，张灿灿知道自己没有能力让它连接上网络。那么到底如何才能让计算机接入互联网呢？

一、了解Internet接入方式

Internet接入即是指用户通过特定的信息采集与共享的传输通道，利用传输技术完成用户与IP广域网的高带宽、高速度的物理连接。我们常说的连网，就是在执行这个过程。Internet的接入方式有很多，如PSTN拨号、ISDN拨号、ADSL、VDSL、无线、光纤接入等。要想让电脑能够上网，就必须有一种方式接入Internet。我们以目前最常用的家庭宽带接入为例，家庭宽带的安装流程如下。

首先，我们需要去到当地的通信服务营业厅（如中国电信）或登录营业厅官网，询问宽带安装的费用和配置信息。选择符合我们需求的宽带类型、缴费，然后会有宽带安装人员上门安装宽带，以光纤的方式接入调制解调器（即我们俗称的"猫"），再用网线连接路由器或直接连接电脑，宽带接入工作完成。安装流程如图2-2所示。

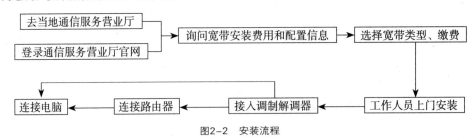

图2-2　安装流程

二、掌握系统网络设置

只是接入宽带，我们的电脑并不能直接上网，要想上网还需要对电脑进行一些系统设置。

我们以Win7举例，打开控制面板，如图2-3所示；选择"网络和Internet"，如图2-4所示；选择

"网络和共享中心"，如图2-5所示；单击"设置新的连接或网络"，如图2-6所示。

图2-3　打开控制面板

图2-4　选择网络和Internet

图2-5　选择网络和共享中心

图2-6　设置新的连接或网络

选择"连接到Internet",如图2-7所示;选择"宽带（PPPoE）（R）"连接方式,如图2-8所示。

图2-7　连接到Internet

图2-8　宽带连接方式

输入办理宽带时通信服务商提供的宽带账号和密码（为防止每次上网都要输入一遍,这里可以选择记住密码）,如图2-9所示。单击"连接"后出现对话框,然后就可以正常上网了,如图2-10所示。

图2-9　宽带账号和密码

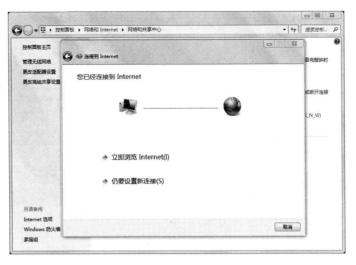

图2-10　正常上网

？【做一做（想一想）】

使用电脑按流程创建一个新的宽带连接。

知识链接

使用路由器连接网络：如果使用路由器连接电脑上网，则需要用浏览器在路由器后台配置页面设置宽带和路由器信息，而不再需要设置和使用电脑的宽带连接。不同路由器的后台地址和配置界面或有不同，但简单的配置和电脑设置宽带连接都很类似。有兴趣和条件的同学可以尝试去设置一下。

张灿灿通过对Internet接入方式和系统设置的学习，至少可以做到即使是给她一台新的电脑，她也可以通过设置使电脑连接网络，这样，以后进入电子商务之前，就能保证联网了。

活动二　了解Web开发技术

张灿灿打开电脑，查看淘宝、京东等电商平台，她发现这些电商都是以网站的形式存在的。她就很好奇，这些网站都是怎么建立的？自己是不是也可以建立一个网站呢？带着这样的好奇，她开始了解并学习Web开发技术。

一、知悉HTML

HTML（超文本标记语言）是为"网页创建和其他可在网页浏览器中看到的信息"设计的一种标记语言。网页的本质是超级文本标记语言，结合使用其他的Web技术（如脚本语言），可以创造出功能强大的网页。因此，超级文本标记语言是Web编程的基础。

HTML是由"< >"括起来的各种标记组合编写而成的，其编程并不复杂，但功能很强大，并具有简易性、可扩展性、平台无关性、通用性等特点。也正是因为它的这些特性，才使它获得了广泛的应用，成为Web开发中前台页面编辑的首选语言。HTML代码举例，如图2-11所示。

```
1 · <!DOCTYPE html>
2 · <html>
3 ·     <head>
4 ·         <title>First font size change</title>
5 ·     </head>
6 ·     <body>
7 ·         <p style="font-size: 10px">Some text for you to make tiny!
  </p>
8 ·         <p style="font-size: 20px"> Some text for you to make
  normal size!</p>
9 ·         <p style="font-size: 40px"> Some text for you to make super
  big!</p>
10 ·     </body>
11 · </html>
```

图2-11　HTML代码

二、认识PHP

PHP（Hypertext Preprocessor，原为Personal Home Page的缩写），中文全称为超文本预处理语言，它是一种开源的脚本语言。它用来把HTML编写的前台静态页面转换成动态页面，且因为其语言本身的特性，相比其他编程语言，它拥有更高的执行效率。PHP拥有开源性、免费性、快捷性、跨平台性、高效性的特点。

当然除了PHP外，还有很多其他的Web编程语言，如JSP、ASP等。

PHP代码举例，如图2-12所示。

```php
1  <?php
2  /**
3   *@param $l - length of random string
4   */
5  function generate_rand($l) {
6      $c= "ABCDEFGHIJKLMNOPQRSTUVWXYZabcdefghijklmnopqrstuvwxyz0123456789";
7      srand((double)microtime()*1000000);
8      for ($i=0; $i<$l; $i++) {
9          $rand.= $c[rand()%strlen($c)];
10      }
11      return $rand;
12 }
13 ?>
```

图2-12　PHP代码

三、了解MySQL

MySQL（关系型数据库管理系统）是最流行的关系型数据库管理系统之一，在 Web 技术开发方面，MySQL也是最常用的关系型数据库管理系统之一。但因为其特性，它一般用于中小型网站。

MySQL所使用的 SQL 语言是用于访问数据库的最常用标准化语言，其特点有体积小、速度快、总体拥有成本低等。当然，除了MySQL外，还有很多其他的数据库管理系统，如Oracle、SQL Server等。如果说想要建立一个小型的网站，HTML+PHP+MySQL是一种很常见的建立网站开发方式。

假设在数据库中，user表用来存储所有用户信息，现需查询数据库user表中id为1001的用户的所有信息。可以用下面SQL语句查询：

Select ★ from user where id='1001'；

？【做一做（想一想）】

打开浏览器，随便浏览一个网站，鼠标在空白处单击右键，选择查看源代码，就可以看到当前页面的HTML代码了，你可以试试看。

张灿灿认识到，建立网站不是一个能够速成的活，还需要系统地学习很多的知识，如果要想建立一个能够正常上线运行的电子商务网站，也不是一个人能够完成和维持的。但她至少了解了网站开发技术，知道了建立一个网站需要前台静态编写，需要后台动态编程，还需要数据库等技术的支持。

活动三　掌握搜索引擎

张灿灿打开电脑，登录百度网站，搜索电子商务，发现出现很多与电子商务相关的网页信息，包括电子商务百科、电子商务新闻门户、电子商务论坛、电子商务招聘、电子商务服务平台等，他们的排名有先有后。然后她打开电子商务平台的网站，发现里面其实也有类似的搜索功能。张灿灿很好奇，网上这么多关于电子商务的信息，都是怎么被搜索出来的，他们排名的先后顺序又是按照什么标准来设定的？带着这个疑问，张灿灿开始学习搜索引擎的相关知识。

一、认识搜索引擎

搜索引擎是指根据一定的策略，运用特定的计算机程序从互联网上搜集信息，在对信息进行组织和处理后，为用户提供检索服务，将用户检索的相关信息展示给用户的系统。

搜索引擎包括全文搜索引擎、目录搜索引擎、元搜索引擎、垂直搜索引擎、集合式搜索引擎、门户搜索引擎等。一个搜索引擎由搜索器、索引器、检索器和用户接口四个部分组成。搜索器的功能是在互联网中漫游、发现和搜集信息。索引器的功能是理解搜索器所搜索的信息，从中提取出索引项，用于表示文档以及生成文档库的索引表。检索器的功能是根据用户的查询在索引库中快速检出文档，进行文档与查询的相关度评价，对将要输出的结果进行排序，并实现用户相关性反馈机制。用户接口的作用是输入用户查询、显示查询结果、提供用户相关性反馈机制。

二、掌握搜索引擎工作原理

第一步：爬行。

搜索引擎是通过一种特定规律的软件跟踪网页的链接，从一个链接爬到另外一个链接，像蜘蛛在蜘蛛网上爬行一样，所以被称为"蜘蛛"，也被称为"机器人"。搜索引擎"蜘蛛"的爬行是被输入了一定规则的，它需要遵从一些命令或文件的内容。当然，不同的搜索引擎爬行的规则是不一样的。

第二步：抓取存储。

搜索引擎是通过"蜘蛛"跟踪链接爬行到网页，并将爬行的数据存入原始页面数据库。其中的页面数据与用户浏览器得到的HTML是完全一样的。搜索引擎蜘蛛在抓取页面时，也会做一定的筛选工作，一旦遇到权重很低的网站很可能就不再爬行。

第三步：预处理。

搜索引擎将"蜘蛛"抓取回来的页面，进行各种步骤的预处理，如提取文字、中文分词、消除噪音、正向索引、链接关系计算等。除了HTML文件外，搜索引擎通常还能抓取和索引以文字为基础的多种文件类型，如PDF、Word、XLS、PPT、TXT文件等。但搜索引擎目前还不能处理图片、视频、动画这类非文字内容，也不能执行脚本和程序。

第四步：排名。

用户在搜索框输入关键词后，排名程序调用索引库数据，根据一定的规则，计算排名显示给用户，排名过程与用户是直接互动的。

三、了解搜索引擎的影响

一个网站的命脉就是流量，电商平台中的店铺也是一样的。而网站的流量可以分为两类。一类是自然流量，另一类就是通过搜索引擎而来的流量。而用户在使用搜索引擎时，会更多地关注排名靠前的搜索信息，或者说习惯性地会从前往后浏览信息，很少会有用户搜索后直接翻到十几页之后去看的。所以如果搜索引擎能更多更有效地抓取网站内容，使网站在相同的关键词下排名更靠前，那么对于网站的好处是不言而喻的。正是在这样的环境下，搜索引擎优化应运而生了。

站内的搜索引擎是网站建设中针对"用户使用网站的便利性"所提供的必要功能，同时也是"研究网站用户行为的一个有效工具"。高效的站内检索可以让用户快速准确地找到目标信息，从而更有效地促进产品/服务的销售，而且通过对网站访问者搜索行为的深度分析，对于进一步制定更为有效的网络营销策略具有重要价值。

从网络营销的环境看，搜索引擎营销的环境发展为网络营销的推动起到举足轻重的作用。

从效果营销看，很多公司之所以可以应用网络营销是利用了搜索引擎营销。

从完整型电子商务概念组成部分来看，网络营销是其中最重要的组成部分，是向终端客户传递信息的重要环节。

? 【做一做（想一想）】

打开不同的搜索引擎，搜索相同的关键词，看看搜索的结果是否相同。再试着使用相同的网站去搜索不同的关键词，看看能不能搜索到。

张灿灿通过对搜索引擎的学习，了解了搜索引擎工作的原理，也认识到了搜索引擎对于一个网站和电商平台中的一家店铺的影响，它掌握着网站或店铺的流量命脉。这会让张灿灿在今后进入电商时，更加重视搜索引擎，根据它的规则做出相应的工作，以期望得到更好的搜索结果，从而让自己的电商之路更加顺畅。

团队实训

全班同学分为若干组（5~8人一组），在同一电商平台下分别选取一个化妆品网上店铺进行分析，介绍该店铺的搜索优势、店铺或商品的关键词。每个小组成员进行分工，并讨论还可以如何提高店铺的搜索优势。

任务二　熟悉电子商务安全技术应用

任务描述

张灿灿原来从不在网络中使用金钱，因为她觉得网络是一个开放的环境，给人的感觉就是谁都能使用，而且把金钱放在这么一个人人都能进入的环境里，她感觉是不安全的。

在电子商务甚至整个互联网的发展过程中，一直有一个问题，那就是安全问题。互联网中所有的东西都是虚拟存在的，这也就给人以不真实的感觉。对于不真实的东西，人们总会怀疑它的安全性。现实情况中也确实会有很多安全隐患事件发生，因此，网络安全技术应运而生，它的出现就是为了解决这些隐患的。

任务分解

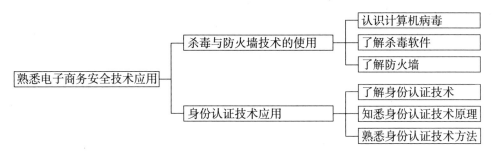

图2-13　熟悉电子商务安全技术应用框架图

◉ 活动一　杀毒与防火墙技术的使用

张灿灿决定要进入电子商务中大展拳脚，必须先解决自己心中最大的担忧，那就是在网络中怎么保证自己资金的安全，毕竟电子商务一定是会涉及资金的。所以她想要去学习并了解网络安全技术。

一、认识计算机病毒

计算机病毒是编制者在计算机程序中插入的破坏计算机功能或者数据，影响计算机的正常使用，并能自我复制的一组计算机指令或者程序代码。

计算机病毒不是天然存在的，是人为地利用计算机软件和硬件所固有的脆弱性编写的一组指令集或程序代码。它能潜伏在计算机的存储介质（或程序）里，条件满足时即被激活，通过修改其他程序的方法将自己拷贝或者可能演化的形式放入其他程序中，从而感染其他程序，对计算机资源进行破坏。

计算机病毒具有以下特点。

繁殖性。计算机病毒可以像生物病毒一样进行繁殖，当正常程序运行时，它也在进行自身复制。

破坏性。计算机中毒后，病毒可能会导致正常的程序无法运行，把计算机内的文件删除或使文件受到不同程度的损坏。

传染性。计算机病毒传染性是指计算机病毒通过修改别的程序将自身的复制品或其变体传染到其他无毒的程序或计算机中。

潜伏性。计算机病毒潜伏性是指计算机病毒有可以依附于其他媒体寄生的能力，侵入后的病毒潜伏到条件成熟时才发作。

隐蔽性。计算机病毒具有很强的隐蔽性，少数可以通过杀毒软件检查出来。隐蔽性计算机病毒时隐时现、变化无常，处理起来非常困难。

可触发性。制作计算机病毒的人，一般都为病毒程序设定了一些触发条件，当条件满足时，计算机病毒就会发作，使系统遭到破坏。

如图2-14所示，是电脑感染"熊猫烧香"病毒后的图标状态。除此之外，电脑还会出现因为此病毒而运行缓慢、蓝屏、频繁重启、数据文件被破坏等现象。

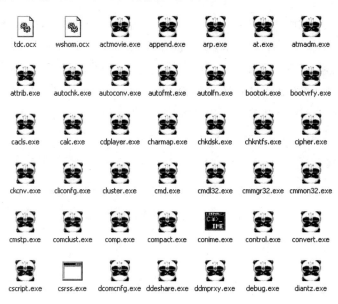

图2-14　病毒"熊猫烧香"

二、了解杀毒软件

杀毒软件，也称反病毒软件或防毒软件，是用于消除电脑病毒、特洛伊木马和恶意软件等计算机威胁的一类软件。杀毒软件通常集成监控识别、病毒扫描和清除、自动升级、主动防御等功能，有的杀毒软件还带有数据恢复、防范黑客入侵、网络流量控制等功能，是计算机防御系统（包含杀毒软件、防火墙、特洛伊木马和恶意软件的查杀程序、入侵预防系统等）的重要组成部分。杀毒软件的任务是实时监控和扫描磁盘，以期及时发现病毒。其检测病毒的方法有：特征代码法、校验和法、行为监测法、启发式病毒法等。而杀毒软件对被感染的文件杀毒有多种方式，如清除、删除、禁止访问、隔离、不处理等。

杀毒软件是一个功能很强大的软件，但其根本依然是软件。所以我们要知道，杀毒软件不可能查杀所有病毒；杀毒软件能查到的病毒，但杀毒软件不一定能杀掉；杀毒软件也可能把正常无毒的程序或文件误判为病毒并禁止其运行或将其删除。如图2-15所示，360杀毒软件在进行电脑木马扫描工作。

图2-15　360杀毒软件

三、了解防火墙

防火墙，也称防护墙。所谓防火墙，指的是一个由软件和硬件设备组合而成，位于内部网和外部网之间的屏障，它按照系统管理员预先定义好的规则来控制数据包的进出。防火墙是系统的第一道防线，其作用是防止非法用户的进入。

防火墙主要由服务访问规则、验证工具、包过滤和应用网关四个部分组成，防火墙就是一个位于计算机和它所连接的网络之间的软件或硬件。该计算机流入、流出的所有网络通信和数据包均要经过此防火墙。

防火墙的作用包括包过滤、包的透明转发、阻挡外部攻击、记录攻击等。

防火墙的基本类型如下。

网络层防火墙：可视为一种 IP 封包过滤器，运作在底层的TCP/IP协议堆栈上。可以以枚举的方式，只允许符合特定规则的封包通过。

应用层防火墙：在 TCP/IP 堆栈的应用层上运作，用户使用浏览器时所产生的数据流或是使用FTP 时的数据流都是属于这一层的。应用层防火墙可以拦截进出某应用程序的所有封包，并且封锁其他的封包。理论上，这一类的防火墙可以完全阻绝外部的数据流进到受保护的机器里。

数据库防火墙：一款基于数据库协议分析与控制技术的数据库安全防护系统。基于主动防御机制，通过SQL协议分析，实现数据库的访问行为控制、危险操作阻断、可疑行为审计。

防火墙和杀毒软件都是计算机网络安全的重要组成部分，但它们的定位是完全不同的。防火墙最主要的作用是用来防黑客攻击的，并不能处理病毒，这也是它与杀毒软件的最大区别，杀毒软件主要是用来防病毒的。如图2-16所示，Win7系统防火墙设置界面。

图2-16　防火墙设置界面

? 【做一做（想一想）】

　　给电脑下载并安装一个杀毒软件，对电脑进行全方位的检测，看看你的电脑中是否存在一些安全上的隐患。

　　张灿灿通过学习了解了最基本的计算机安全知识，网络不像她想象的那么"开放"，人们对于网络安全的防护还是很重视的。其实，对于普通的网络用户而言，一种简洁而有效的计算机网络安全模式就是：一个杀毒软件+一个防火墙+良好的上网习惯+安全意识。

活动二　身份认证技术应用

　　对于普通的上网用户而言，了解网络中基本安全技术或许已经够了，但对于从事电子商务的人，如张灿灿，可能会遇到其他不能确定的事情，比如，盗用他人的账号来与她交易，交易完成却又不承认等。带着这些担忧，她开始学习了解身份认证技术。

一、了解身份认证技术

　　身份认证技术是在计算机网络中确认操作者身份的过程而产生的有效解决方法。计算机网络世界中一切信息包括用户的身份信息都是用一组特定的数据来表示的，计算机只能识别用户的数字身份，所有对用户的授权也是针对用户数字身份的授权。如何保证以数字身份进行操作的操作者就是这个数字身份的合法拥有者，也就是说保证操作者的现实身份与数字身份相对应，身份认证技术就是为了解决这个问题，作为防护网络资产的第一道关口，身份认证技术有着举足轻重的作用。

二、知悉身份认证技术原理

（一）基于信息秘密的身份认证

　　根据你所知道的信息来证明你的身份，如暗号、密码等。

（二）基于信任物体的身份认证

　　根据你所拥有的东西来证明你的身份，如手机号码等。

（三）基于生物特征的身份认证

直接根据独一无二的身体特征来证明你的身份，如指纹、面貌等。

三、熟悉身份认证技术方法

（一）静态密码

用户的密码是由用户自己设定的。在网络登录时输入正确的密码，计算机就认为操作者是合法用户。但是，因为密码是静态的数据，在验证过程中，数据在计算机内存和传输时可能会被木马程序或网络截获。因此，从安全性上讲，用户名/密码方式存在着一定安全隐患。

（二）智能卡

所谓智能卡是一种内置集成电路的芯片，芯片中存有与用户身份相关的数据，智能卡由专门的厂商通过专门的设备生产，是不可复制的硬件。智能卡由合法用户随身携带，登录时必须将智能卡插入专用的读卡器，读卡器读取其中的信息，以验证用户的身份，如手机中的SIM卡就是一种智能卡。智能卡中的数据依然是静态的数据，所以同样地，它也存在着信息泄露的安全隐患。

（三）短信密码

短信密码是以手机短信形式请求包含一定位数的随机的动态密码，它具有安全性、普及性、易收费、易维护等特点，是目前常用且有效的一种身份认证方式。

（四）动态口令

动态口令验证是目前最为安全的身份认证方式。客户手持用来生成动态密码的终端，基于时间同步方式，每60秒变换一次动态口令，动态口令一次有效，它产生6位动态数字进行一次一密的方式认证。

由于基于时间同步方式的动态口令牌存在60秒的时间窗口，导致该密码在这60秒内存在风险，现在已有基于事件同步的，双向认证的动态口令牌。基于事件同步的动态口令，是以用户动作触发的同步原则，真正做到了一次一密，并且由于是双向认证，即服务器验证客户端，并且客户端也需要验证服务器，从而达到了彻底杜绝木马感染的目的。由于它使用起来非常便捷，85%以上的世界500强企业运用它保护登录安全，广泛应用在VPN、网上银行、电子政务、电子商务等领域。

（五）数字签名

数字签名，是一种类似写在纸上的普通的物理签名，但是使用了公钥加密领域的技术实现，用于鉴别数字信息的方法。一套数字签名通常定义两种互补的运算，一种用于签名，另一种用于验证，可以区分真实数据与伪造、被篡改过的数据。这对于网络数据传输，特别是电子商务是极其重要的。

数字签名，就是只有信息的发送者才能产生的别人无法伪造的一段数字串，这段数字串同时也是对信息的发送者发送信息真实性的一个有效证明。所以，数字签名具有不可抵赖性（不可否认性）。

数字签名是非对称密钥加密技术与数字摘要技术的应用。

（六）生物特征识别

通过可测量的身体或行为等生物特征进行身份认证的一种技术。生物特征是指唯一的可以测量或可自动识别和验证的生理特征或行为方式。

生物特征分为身体特征和行为特征两类。身体特征包括声纹、指纹、掌形、视网膜、虹膜、人体气味、脸型、DNA等；行为特征包括签名、语音、行走步态等。

目前我们接触最多的是指纹识别技术，应用的领域有门禁系统、微型支付等。

生物特征识别的安全隐患在于一旦生物特征信息在数据库存储或网络传输中被盗取，攻击者就可以执行某种身份欺骗攻击，并且攻击对象会涉及所有使用生物特征信息的设备。

如图2-17所示，为淘宝网静态密码的身份认证方式。如图2-18所示，为电信网站手机短信随机密码的身份认证方式。

图2-17　身份认证方式　　　　　　　图2-18　短信随机密码认证

知识链接

事实上，目前我们在网络中对于身份的认证已经不再只是单一的方式，大多数情况下，特别是对于涉及个人信息和资金的情况，都会采用双因素身份认证，即两种认证方法结合起来认证，如静态密码+短信密码。这样的方式将会更加确保用户信息和资金的安全。同时，专家也一直在研究更有效、更快捷、更方便的身份认证技术。

张灿灿通过对身份认证技术的学习，进一步了解了网络中的安全性，她甚至觉得，可能在某些方面，网络交易甚至比现实交易还要安全。这也给她进入电子商务领域吃了一颗"定心丸"。毕竟只有确定了安全，张灿灿才能放心大胆地去拼，才能保证自己今后的辛苦不会白费。而基本的安全环境有了，她以后要做的就是努力学习电子商务知识，以求在这个新的领域中获得新的收获。

团队实训

全班同学分为若干小组，分别选取一个电子商务网站进行分析，分析该网站使用了哪些安全技术，又有哪些可能存在的安全隐患或是觉得可以改进的地方。小组讨论并派代表进行介绍讲解。

项目总结

张灿灿通过学习互联网基础技术和网络电子商务安全技术，了解了计算机网络基础知识和网站开发基础知识，认识到搜索引擎的工作原理以及搜索引擎的重要作用，知悉了杀毒和防火墙技术，掌握了各种身份认证技术的应用。通过本项目的学习，张灿灿知晓了与电子商务相关的网络技术以及认识了电子商务的安全技术，这为她进入电子商务奠定了清晰安全的环境基础，也让她能更加放心地继续学习电子商务。

实战训练

一、单选题

1. 下面哪种不是Internet的接入方式（　　　）。

A．PSTN　　　　　　B．ADSL　　　　　　C．VPT　　　　　　D．光纤接入

2. HTML的中文全称为（　　　）。

A．超文本标记语言　　B．超文本编程语言　　C．链接标记语言　　D．链接编程语言

3. 代码 "select ★ from abc" 一般属于（　　　　）。

A. SQL语句　　　　　　B. HTML语句　　　　　　C. Java语句　　　　　　D. PHP语句

4. 下面哪项不是MySQL的特点（　　　　）。

A. 成本低　　　　　　　B. 开源　　　　　　　　C. 对硬件要求高　　　　D. 体积小

5. 下面哪项属于基于生物特征的身份认证技术（　　　　）。

A. 静态密码　　　　　　B. 动态口令　　　　　　C. 短信密码　　　　　　D. 面部识别

二、多选题

1. 下面属于Web开发技术的有（　　　　）。

A. HTML　　　　　　　B. MySQL　　　　　　　C. PHP　　　　　　　　D. Excel

2. 下面属于数据库管理系统的有（　　　　）。

A. Word　　　　　　　B. MySQL　　　　　　　C. Oracle　　　　　　　D. Java

3. 下面哪些是杀毒软件对病毒的处理方式（　　　　）。

A. 隔离　　　　　　　　B. 删除　　　　　　　　C. 忽略　　　　　　　　D. 转发

4. 计算机病毒具有哪些特点（　　　　）。

A. 繁殖性　　　　　　　B. 破坏性　　　　　　　C. 无害性　　　　　　　D. 传染性

5. 下面哪些属于身份认证技术（　　　　）。

A. 数字签名　　　　　　B. 指纹识别　　　　　　C. 静态密码　　　　　　D. 动态口令

三、判断题

1. 搜索引擎搜索出来的信息排名都是随机排名的。（　　　　）

2. 搜索引擎的排名对于电子商务的营销是很重要的。（　　　　）

3. 有了杀毒软件就不怕任何病毒了。（　　　　）

4. 防火墙可以过滤绝大多数病毒。（　　　　）

5. 数字签名具有不可抵赖性。（　　　　）

四、案例分析题

1. 简述Web开发技术有哪些。

2. 简述计算机病毒有哪些特点。

3. 简述身份认证技术有哪些。

五、场景实训题

1. 去本地的通信服务营业厅或登录其官网，查询了解他们提供的宽带服务都有哪些类型。

2. 上网查询了解现在的电子商务网站都使用哪些身份认证技术。

项目3 网络营销实践

项目概述

李丽职业院校毕业后和自己的一名好友杜雪合伙开了一个网店，主要做的是淘宝女装。作为一个新店长，李丽很是上心，可是让她感到特别疑惑的是——自己网店的商品已经上架几周了，可是每天的点击浏览量很少，几乎没有流量，订单更是寥寥无几。

在淘宝论坛和拍拍社区上，诸如李丽这样的卖家，尤其是刚开网店的新手店长有很多。那么，究竟是什么原因让李丽的店铺生意惨淡呢？开网店一般应用什么样的营销方法呢？如何做好网络营销策划？如何策划网络促销？这一系列的疑问让李丽很是纳闷。于是李丽向开了几年淘宝店铺的老店长请教，对方给的答案是，仅懂得如何进行网上开店，不一定能够盈利，店铺不一定有流量，还需要好好学习网络营销实践教程。听了他人的建议，带着这些问题，李丽准备开始学习网络营销实践课程。

认知目标

1. 认识网络营销的特点。
2. 熟悉网络营销的基本方法和工具。
3. 掌握新手店长如何进行网络营销实践。

技能目标

1. 懂得网络营销常用的方法和工具的应用。
2. 懂得网络营销实践的步骤和方法。
3. 能根据网上店铺经营情况做出网络营销实践策划。
4. 能结合实际，根据店铺开展网络营销情况提出整改意见。

素养目标

1. 增强学生对网络营销的兴趣。
2. 培养学生团队精神，以及分析和解决问题的能力。

任务一　认识网络营销

任务描述

李丽，作为一个新店长，对店铺流量这么低的情况很焦急。老店长给的建议是实践网络营销，解决流量问题。可是自己却连网络营销到底是什么都说不清楚，怎么把客户拉到店铺中来呢？群发信息是否合适呢？会不会让人产生厌恶？

一头雾水的李丽，打开电脑，想通过网络学习了解一下网络营销有哪些方法。自己的店铺是否可以运用这些方法吸引人气。

任务分解

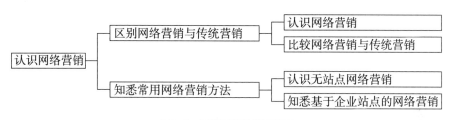

图3-1　认识网络营销框架图

活动一　区别网络营销与传统营销

活动背景

李丽打开电脑，登录百度网站，搜索网络营销，结果所有打开的界面的第一点显示的都是网络营销的概念、特点、常用方法和基本工具。李丽仔细回想，发现自己作为店铺店长，想要开展网络营销，增加店铺流量，进行店铺推广，却说不清楚到底什么是网络营销，常用工具有哪些，自己除了比较熟悉淘宝直通车外，好像别的并不清楚。带着这些问题李丽准备先看看网络营销的基本常识。

活动实施

一、认识网络营销

（一）网络营销的概念

网络营销，顾名思义就是指利用互联网的特性进行营销推广，实现企业的营销目标的一种营销活动。

通过对概念的解读，可以明确网络营销的内涵。第一，实现企业营销目标，获得企业利润是网络营销存在的意义，因此网络营销必然是企业整体营销的一个组成部分，是企业实现利润的手段。第二，网络营销是借助于互联网开展营销推广活动的，所以网络营销包含了营销活动中的计划、销售、反馈等一系列活动，不仅仅是单纯的网上售卖。

（二）网络营销的特点

1. 时空性

互联网最基础、最突出的一个特点就是超时空性，网络营销的技术基础是互联网，因此网络营销也具有超时空的特点。

2. 个性化

每个企业利用网络自行开展网络营销，他们所采用的策略、手段及表现方式都不会相同，具有企业自身的个性特点。

3. 交互性

交互性是网络营销最突出的特点。传统营销的沟通属于单向信息交流，而网络营销属于双向信息交流。网络营销完全改变了传统营销双方的沟通方式，消费者通过网络关注自己的消费信息并与企业进行及时沟通，企业通过网络解决消费者在消费过程中存在的问题。

4. 经济性

网络营销的经济性主要体现在它避开了中间的商业流通环节，减少了店铺成本、人工成本、营销费用等，通过无纸化操作、无现金化支付提高了工作效率，远比传统营销更绿色、更经济。

5. 高效性

在传统的消费环境中，消费者很难在有限的时间内将自己想要购买的东西进行全面的比较，但网络营销可以帮助消费者实现这个愿望。由于消费环境是没有时空限制的，网络营销可以轻松地实现"货比三家"并做出选择。而且在网络环境中，商品的信息量更大，传播速度更快，价格更透明，通过较短的时间可以帮助消费者更有效地做出购买决定。

6. 整合性

网络营销包含了从获取商品信息、商品结算到最后售后服务，属于一种全程的营销方式。这种营销方式有效地将销售前、销售中、销售后三个部分紧密整合在一起，更方便消费者做出购买行为，企业也更容易实现营销目标。

当然网络营销的特点还有很多，大部分也都是基于互联网所赋予的一些基本特点，如网络营销的技术性、成长性、多媒体性等。纵观网络营销的这些特点，不难看出网络营销就是一种从消费者出发，利用互联网实现企业营销目标的新的营销模式。

二、比较网络营销与传统营销

（一）两者的相同点

1. 两者本质相同

无论是传统营销还是网络营销，他们的存在都是为了实现企业营销目标，获取利益。因此无论哪种营销方式，他们的本质没有发生改变。

2. 两者都是为了满足消费者的消费需求

无论是什么样的营销方式，将产品销售出去并获取利益是企业的根本目标。不管采用何种营销方式，都必须满足消费者需求这个基本前提，否则难以实现获取利益的目的。因此满足消费者需求是两种营销活动共同的前提。

3. 两者都不能单独发挥作用

无论是传统营销还是网络营销，都是企业营销战略的一部分，都不是孤立的、单一的。他们的实施都需要通过计划、制订活动方案、实施等，启动多种关系，搞好整合，才能有效地实现企业的营销目标。

（二）两者的不同点

1. 产品定位不同

传统市场营销主要是针对某一类型的商品或是某一特定商品消费者进行销售，而网络营销市场的产品定位更具体化、更个性化。

2. 促销手段不同

传统市场营销的促销手段成本很高，需要在人力和物力上进行大量投入，而且没有针对性，会受到时间、地点、商品价格等多方面的影响。网络营销的促销方式是一对一的、双向的、低成本的，消费者不受任何限制，足不出户便可做好购物决定。

3. 竞争点不同

传统营销的营销方式主要强调的是依靠销售人员通过单向的、非针对性的方式向所有消费者宣传、推广，实现销售的目的。而网络营销主要强调的是开展有针对性的、有效的消费推广，实现营销目标。竞争点由原来的争取更多的消费者转变为现在的针对个别有效的消费者。

4. 营销策略不同

传统市场营销的营销策略主要是"4P"理论，指的是产品（Product）、价格（Price）、渠道（Place）和促销（Promotion）。这个理论强调的是产品，也就是说传统营销重视的是产品自身质量，对消费者的关注度不高。

现代营销理论主要是"4C"理论，指的是消费者的需求和欲望（Consumers' wants and needs）、满足欲望与需求所需要的成本（Cost to satisfy wants and needs）、方便购买（Convenience to buy）和加强沟通（Communication）。网络营销属于现代营销理论，它注重的是消费者需求的满足，从原来一味地关注产品，转变为关注消费者需求。

5. 营销渠道改变

传统的营销渠道是从产品生产商—产品批发商—产品零售商—最终消费者，中间商依旧存在，并有着重要作用。网络营销主要依靠的是网络，因此中间商的作用发生了改变，且已经淡化，营销渠道更注重信息的双向沟通，营销渠道从产品生产商—互联网—物流企业—最终消费者。

活动效果

经过网络学习，李丽终于认识了网络营销这个概念，更意识到网络营销与传统营销的巨大差别，尤其是在营销策略上。自己开的淘宝女装店铺，如果按照传统的营销策略，是无法获得流量、获得盈利的。现在自己的工作重点是要重视市场消费者需求和喜好的改变，根据市场潮流，改变自己的产品风格，从而吸引消费者。

团队实训

工作任务：浏览淘宝网，选择一家既有网上店铺也有实体店铺的商家，分别对网店和实体店进行观察比较，分析在传统营销和网络营销上分别采用了什么具体营销手段，有什么区别。

操作步骤：

首先，登录淘宝网，了解相关服务。

其次，任选一家店铺，但同时拥有实体店铺和网上店铺，进行观察、分析。

最后，分小组总结商家在网上商店和实体商店分别采用的营销手段，并形成针对该商家传统营销和网络营销的总结。

活动二　知悉常用网络营销方法

活动背景

李丽经过网络学习，认识到网络营销和传统营销的不同特点，明确了自己店铺在经营中需要做的改革调整，也意识到网络营销是自己接下来营销的主要方式。那具体的网络营销方法有哪些？哪些营销方法适合自己的店铺，并且能让流量明显增加呢？让我们与李丽一起继续学习网络营销的常用方法吧。

活动实施

根据开展网络营销的企业是否拥有自己的企业网站，常见的网络营销方法可以分为基于企业网站的网络营销和无站点网络营销。

一、认识无站点网络营销

（一）无站点网络营销

无站点网络营销是指企业自己没有网站也未利用第三方网站，而是通过电子邮件、信息发布、网络广告等方法开展营销推广活动。无站点营销的优点显而易见的就是低成本，缺点是信息难以管理且未必有效，企业在信息发布上没有自主权。

（二）无站点网络营销的具体方法

1. 发布信息

无论采用何种营销方法，发布信息是最简单的，但效果却不容小觑。无站点情况下，企业主要利用第三方网站提供的信息服务功能实现信息发布。常用的信息发布渠道有供求信息平台、分类广告、网络社区营销等。

2. 在线销售

在线销售是指企业利用能提供第三方网上商店服务平台的网站或网上拍卖等方式开展商品网上销售工作。常见的提供第三方网上商店服务功能的平台有阿里巴巴、京东等。

3. 即时信息

即时信息是指实时在线信息交流。人们通过即时通信工具进行交流沟通，获取信息，实现在线商品销售，增强与消费者之间的有效交流。

4. 加入行业信息网

企业进行网络营销的必要手段之一就是加入行业信息网。企业通过缴纳一定费用加入后，可以通过行业信息网站获取大量相关的消费者信息，便于企业寻找潜在消费者，发布供求信息，实现营销的目的。

二、知悉基于企业站点的网络营销

（一）基于企业站点的网络营销

企业站点的网络营销是指企业通过网站开展网络营销活动。企业所利用的网站主要有两种，分别是企业自己建立的网站和第三方网络建设管理机构。基于企业站点营销的方法是现代企业营销的主流形式。

（二）基于企业站点的网络营销的具体方法

1. 企业网站合作营销

企业网站是企业进行宣传推广的平台，功能多样，承担着如企业品牌形象的树立、信息的发布、开展客户交流与服务等多种工作。通过观察图3-2华为的官方网站，可以轻松地知晓企业信息。每个企业网站都拥有自己一定的客户资源、广告资源、信息资源等，几乎都存在着友情链接，因此

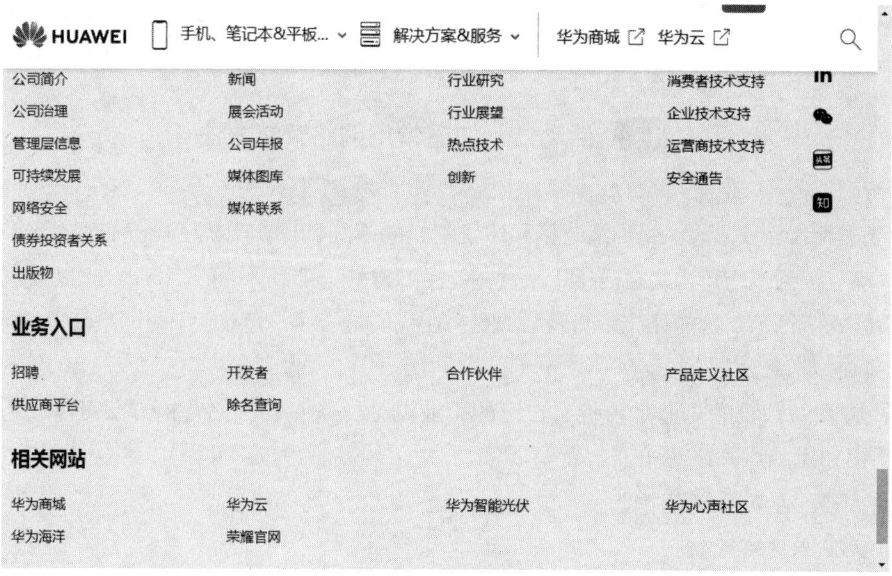

图3-2 华为官网

各个企业之间可以相互利用网站资源开展合作，实现资源共享，扩大收益。

常见的网站资源合作营销方式有利用友情链接开展合作营销、利用网站联盟开展合作营销和利用广告资源开展合作营销。

2. 搜索引擎营销

搜索引擎是指在人们利用互联网搜索信息时提供检索服务，将最终检索信息提供给消费者的系统，百度网站就是我们常见搜索引擎的典型代表。而搜索引擎营销（Search Engine Marketing，SEM）则指的是企业利用人们使用搜索引擎的习惯，向目标客户宣传推广企业和企业产品，实现营销目标的一种营销手段。

通过图3-3，我们可以发现，通过百度网站搜索"华为"，可以清楚地出现华为官网、华为的产品介绍、华为的文字介绍和描述等。这就是典型的利用搜索引擎开展营销推广案例。所以搜索引擎营销的主要作用就是利用搜索引擎提高企业网站的访问量，通过优化寻找潜在客户，实现营销目标。

图3-3　利用百度搜索"华为"界面

3. 电子邮件营销

电子邮件是一种最基础、却不容忽视的营销推广方式。图3-4向大家展示了2013年美团网曾经发送的邮件推广内容，被称为"史上最萌电子邮件"。这封邮件发出后，得到了用户的热议和许多专业营销人士的称赞，引起用户自动转发传播，为美团网带来了

图3-4　美团网"史上最萌电子邮件"

良好的口碑传播效应，这是利用电子邮件进行营销的一个典型成功案例。

电子邮件营销就是企业利用互联网信息技术，以发送邮件的方式和用户（包含潜在用户）进行沟通、宣传，实现企业营销目标的营销方式。其主要特点有成本低，操作方便、简单，营销范围广，不受时空限制，能提供具有企业个性化的服务等。

电子邮件营销依据是否得到用户许可，分为许可电子邮件营销和未经许可电子邮件营销；根据目标用户电子邮件地址资源来源的方式不同，分为内部列表

电子邮件营销和外部列表电子邮件营销。

表3-1　内部邮件列表与外部邮件列表的电子邮件营销比较

项目	内部邮件列表	外部邮件列表
概念	用户资源注册	第三方专业服务机构提供
功能	客户关系、在线调查、资源合作、顾客服务	品牌形象、产品推广、在线调查
费用	费用相对固定，与邮件发送量无关，用户越多，平均费用越低	费用不固定，与邮件发送有关，数量越多，费用越高
获得新用户能力	效果不显著，用户稳定	吸引新用户能力强
维护与设计	专业人员	第三方服务商人员负责
发送邮件规模	无法短时间向大量用户发送邮件	可短时间向大量用户发送邮件
效果分析	需要长期跟踪分析	第三方提供专业分析

4. 口碑营销

凡客诚品广告文案意在彰显品牌个性，形成了独特的"凡客体"形式广告。凡客诚品通过利用微博开展了互动营销，进行讨论，一时间"凡客体"走红网络，凡客诚品进入人们的购买视线，人们得到的是"凡客虽便宜但是适合大众，简单、个性，经得起质量考验"，这一举措，对凡客的营销意义重大。这就是一种利用微博形成口碑，并进行营销推广的方式。

所以，口碑营销就是企业采用各种各样的手段引发客户对企业及企业产品、服务的讨论和交流，形成口碑后，激励客户积极主动向其周边人群进行宣传推广的一种营销方式。

口碑营销的优点在于成本低、传播快、影响力大、针对性强，容易影响消费者决策，降低企业成本等特点，同时口碑营销还能够提高消费者对品牌的忠诚度，便于发现潜在客户。

5. 博客营销与微博营销

博客营销是指博主通过发表一些原创性的、专业化的内容吸引消费者，或是直接在文中提及相关的店铺信息进行推广，进而影响消费者的消费决定。利用博客作为媒介实现营销推广目标的企业有很多，例如，我们店铺运营中淘宝客的主要推广方式之一就是利用博客推广。如图3-5所示为新浪官网中美食博主利用博客进行推广。

电子商务实务

图3-5　新浪官网美食博主利用博客推广

微博营销是指企业利用企业微博及时分享企业文化和企业产品信息，更新企业的各种营销活动信息等，吸引用户关注，实现营销目标。例如，小米公司每次有新款手机上市，都会利用微博充分预热，实现营销目的，如图3-6所示为小米官方微博。

图3-6　小米官方微博

知识链接

表3-2　微博营销与博客营销的比较

项目	微博营销	博客营销
相同点	利用网络宣传，树立企业形象，达到营销目标	
不同点	内容短小精炼，多用于企业新闻或是产品介绍	主要是以文章的形式展现，多是个人观点的表述，自主性强
	时效性强，多是好友或粉丝转发	多是通过搜索引擎或者进入网站进行浏览，获得关注的渠道很多，时效性不强
	信息获取方便、快捷，通过手机或者电脑都可以	信息获取方式和微博一样，但是没有微博方便快捷
	可以通过个人力量也可以通过平台实现营销	主要是利用平台资源，社会资源实现营销

6. 网络社区营销

网络社区是网上特有的，因共同兴趣、爱好聚集在一起的，能实现成员间相互沟通目的的一种虚拟社会，可以通过在社区内发布营销消息实现销售目的。常见的网络社区的形式有电子公告板、聊天室、讨论组、论坛等，如图3-7所示为天涯论坛，属于网络社区营销的一种。

7. 网络广告推广

网络广告是指以计算机网络为媒介进行广告传播的形式。如图3-8所示，利用淘宝网首页做推广。网络广告与其他媒体的广告相比，具有无法比拟的特点和优势：传播范围广、交互性强、针对性强、实时性强、受众数量可准确统计、成本低、网络广告效果的可测评性等。

图3-7 天涯论坛

图3-8 利用淘宝网做推广

知识链接

表3-3 常见网络广告定价方式

付费方式	概念含义
CPA（Cost Per Action）	根据每个访问者观看网络广告后所采取的行动收费
CPC（Cost Per Click）	根据广告被点击的次数收费
CPM[①]（Cost Per Thousand Impressions）	每千人印象成本，即广告条每显示1000次印象的费用
PPL（Pay Per Lead）	根据每次通过网络广告产生的引导付费的定价模式
PPS（Pay Per Sale）	根据消费者观看网络广告后产生的直接销售数量而付费的一种定价模式

[①] 原始英文为"Cost Per Mille"。

活动小结

现在，李丽明白了自己的店铺开展网络营销的意义，也清楚了自己可以采用的网络营销的方法。接下来李丽将会根据自己店铺的实际情况制定网络营销系列措施，从而提高流量。

团队实训

认识不同网络营销的应用。

工作任务：分组调查现实生活中企业是如何进行营销的。

操作步骤：

（1）分组对几家同时开展网络营销和传统营销的商店进行调查。

（2）调查几家店铺是如何开展网络营销的。

（3）调查传统营销主要采用的方法。

（4）各小组形成调查报告。

任务二 实践网络营销

任务描述

通过网络学习，李丽掌握了网络营销基本常识，接下来她的任务是能够结合自己店铺的实际情况进行具体实践，为自己的店铺制订一份详尽、完整的网络促销推广计划。

任务分解

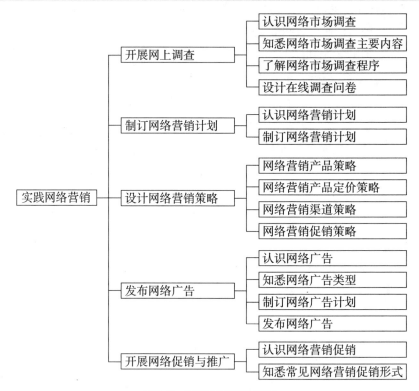

图3-9 实践网络营销框架图

活动一 开展网上调查

活动背景

学习了网络营销的基本常识后，李丽准备为自己的店铺制订一份详尽的营销发展计划。李丽的店铺主要经营淘宝女装，当时店铺的分类不清晰，只要是自己觉得好看的就上图，挂在店铺，可是流量很少。学习了现代网络营销理论后，李丽准备先了解当下女性的喜好，根据消费者的需求，改变自己店铺的服装风格。可是如何迅速有效地收集女性的意见呢，自己也没有足够的时间和经济实力发放和收集调查问卷。接下来让我们与李丽一起学习如何开展网上调查，这将会帮助李丽解决她面临的棘手问题。

活动实施

一、认识网络市场调查

（一）网络市场调查的概念

网络市场调查就是指企业通过互联网完成对市场、消费者与竞争对手的信息收集，然后通过整理、分析形成调查报告，并据此对市场机会和行业发展以及销售渠道进行分析，开展企业营销活动。

（二）网络市场调查的方法

网络市场调查的方法主要有直接调查和间接调查。直接调查是指通过网络，多指利用邮件或者问卷等形式获得的第一手信息。间接调查是指通过互联网上已有的海量信息进行分析、提取、获得的信息材料。

网上直接调查主要通过网站调查问卷、电子邮件、网上观察完成，其中使用最多的是在线问卷调查法、电子邮件调查法。

网上间接调查主要通过网站、论坛、电子邮件等方式获取企业或者消费者信息。

二、知悉网络市场调查主要内容

（一）市场需求调查

市场需求调查是企业网上调查的重要内容之一。研究和分析市场需求情况，主要是为了掌握市场需求量，知晓市场占有比例，方便企业制定营销策略，开展营销活动。

（二）消费者购买行为调查

网上消费者购买行为的调查主要是通过网络对消费者的喜好和个性等个体因素和环境因素的调查，与传统市场上消费者行为调查没有本质区别。

（三）网络营销因素调查

网络营销因素调查主要是指影响营销活动的因素调查，主要有对产品自身的质量、产品价格以及分销渠道、促销策略及广告策略的调查。

（四）宏观环境调查

宏观环境调查主要包括调查政治、经济、人口、社会文化和风俗习惯等因素。

（五）竞争对手调查

在现代网络营销环境中，企业间的竞争十分激烈，对竞争对手的调查是必要的。企业通过对竞争对手的市场占有率、产品的特点、营销策略等的调查，制定对应的营销策略，发挥自身优势，实现营销目标。

三、了解网络市场调查程序

（一）确定目标

确定调查目标就是确定调查什么问题或是通过调查要达到什么样的目的。

（二）制订计划

一个系统、有效的调查计划需要考虑信息的来源（考虑从哪些渠道获得信息）、调查方式（通过什么样的形式进行调查）、调查时间及调查活动持续的时间和结果反馈，即最后的结果公布情况。

（三）收集信息

市场调查中信息的完整性是信息收集过程中最需要注意的问题，这点可以根据具体的调查方式进行设置，确保有效信息。

（四）分析信息

分析信息是对收集的信息进行筛选、整理之后，通过一定的方法进行定量或是定性的研究。

（五）陈述结论

根据调查结果的分析，得出结论，提出建设性意见。

（六）做出决策

根据网络调查结论，对企业现有营销策略做出决策。

四、设计在线调查问卷

（一）在线调查问卷的结构

在线调查问卷是指访问者利用网络在线填写问卷并提交，以供企业进行信息收集的一种方式。在线调查问卷主要包括前言、主题和结束语。

前言主要是介绍调查目的和感谢语，主体主要是调查问卷的题目，是问卷的核心，结束语主要是调查的基本信息，如时间、联系方式和致谢语句。

（二）在线调查问卷的制作步骤

确定设计调查问卷的目的；选择调查问卷的发放平台；设计调查问卷的题目；确定调查问卷的排版；评级调查问卷。

（三）在线调查问卷设计的要求

调查问卷的核心就是"问题"的设计，因此问卷的设计中对问题有着严格的要求。

1. 问题的表述要求

首先，问题用词要规范，不能口语化；其次，题目和内容要保持一致，不能跑题；最后，问题的设计不可带有偏向性，必须保持中立。

2. 问题题型设计的要求

常见的问题题型是封闭型、开放型和混合型。不同类型的问题特点不同，因此在设计问卷的时候，要根据问卷调查的目的、问题的性质和内容决定选择什么类型的问题。

3. 问题排序设计要求

问题排序也是有要求的，一般排列要求是按先易后难、先总括性后特定性问题、先封闭后开放式问题排序。

4. 注意事项

在进行问卷调查设计的时候，访问者需要注意的是调查的内容不可过多，问题说明要清晰且问题不可以过多涉及被调查人的信息，重要的问题不可以遗漏选项。

知识链接

常见在线调查问卷的网站

一般来说，企业可以通过自己的网站进行设计，完成在线调查问卷，当然也存在一些企业不具备自己的网站或者是在调查问卷的收集、整理方面不专业等问题，他们也会选择一些专业的调查问卷网站进行信息的收集，常见的专业调查问卷网有问卷星、腾讯问卷和问卷网等。

活动效果

通过网上调查的学习，李丽在常用的调查问卷网"问卷星"上发了一份"关于25岁左右年轻女性衣着服装喜好的调查问卷"和"当下年轻职业女性着装喜好的调查问卷"。根据收集来的所有调查问卷进行统计分析，李丽决定将自己模糊的店铺定位改为专营女性休闲职业装。

通过自己的实践，李丽认识到网上调查的优越性，深刻地体会到网络营销对自己淘宝店铺经营的重要性。

团队实训

在常用的问卷网上，设计、填写、完成一份网上调查问卷。

操作步骤：

1. 分组根据自己的店铺情况，确定调查问卷的主题。

2. 分小组讨论，设计调查问卷的问题、格式、排版。

3. 在网上完成一份调查问卷。

⬤ 活动二　制订网络营销计划

▎活动背景

李丽已经针对自己的淘宝店铺做了整改，通过网上调查问卷的分析，将自己的店铺定位为年轻女性休闲职业装服饰店。现在李丽的主要工作就是根据消费者的实际需求做出调整，开展网络营销。现在让我们与李丽一起先准备学会怎样制订一份网络营销计划，为接下来的所有将要开展的营销活动做好准备。

▎活动实施

一、认识网络营销计划

网络营销计划就是企业项目的策划者根据市场未来的变化趋势进行分析判断，对未来的网络营销活动进行超前的计划。具体来说就是通过科学预测，对电子商务企业或网络营销的项目进行未来的网站定位、项目推广、项目运营等超前规划。

（一）网络营销方案

网络营销方案是指企业或个人根据企业自身或项目的未来发展趋势，运用专业知识进行讨论、分析形成的具体的网络营销方案设计和具体实施步骤。

（二）网络营销计划的意义

网络营销计划存在的意义就是指导企业或个人完成网络营销实践。成功的网络营销计划必须要进行细致的规划，遵循相关的原则，即系统性原则、经济性原则、可操作性原则。

二、制订网络营销计划

制订网络营销计划的过程是十分必要的，只有过程没有出错，才能保证计划的科学性和可行性。

（一）明确计划目标

清晰的目标是网络营销计划能成功实施的基础，没有明确的目标，计划也就难以实施。所以制订网络营销计划的前提就是要确定营销计划的目标。

（二）市场调查与环境分析

明确企业在市场环境中所处的地位、自己的优劣势以及可能面临的机会和威胁，这是进一步制订网络营销计划的前提。只有定位清楚，才能进一步根据目标制订自己的计划。

（三）制定企业营销目标和战略

制定企业营销目标和战略是整个网络计划十分重要的内容，需要详细地介绍制定总目标的依据，阶段性目标和各阶段的时间节点，以及各个目标的预期效果和评估标准。

（四）制定企业营销策略和推广方式

这个部分是整个网络营销计划的核心，主要是为了说明营销计划的战略目标及为了实现各阶段的目标如何设计、采用具体的营销活动和推广方式。

（五）建构项目实施机构

这部分主要是为了说明要实现上面的目标需要的团队和管理机构，尽可能在本处的描述要详细清楚，说明各个角色的分工、机构的工作内容。

（六）财务预算

财务预算在此处不仅包含总费用的计划金额，还要包含具体每项计划实施涉及的预算、成本、费用。

（七）撰写计划实施方案

撰写计划实施方案是为了后期的分析、修正和评估做准备的。

（八）计划方案评估

计划方案的分析、评估是必要的。只有及时地分析计划方案，才能发现问题，及时修正，保证计划的合理和后期的实施目标的实现。

（九）撰写网络营销计划书

计划书就是将制定网络营销过程中的方法、策略、实施步骤完整地记录，并呈现出来。计划书没有固定的结构格式要求，但完整的计划书一般需要包括以下内容，如封面、项目概要、背景分析、环境分析、营销目标和战略、营销策略、推广方式、组织项目实施机构和财务预算等。

活动效果

李丽通过本活动的学习，了解到制订一份网络营销计划十分困难，根据自己现有的水平很难制订一份完整的、具有实际操作性的计划方案。一份计划需要包含策略的设计、如何发布广告、项目小组等，现在依旧很难完成。但是李丽认识到制订计划的重要性，决定继续学习，为后期自己的网店发展、制订网络营销计划做好铺垫。

团队实训

分小组为李丽的店铺撰写一份简要的网络营销计划。

操作步骤：

1. 明确李丽店铺的定位和主要目标。
2. 通过淘宝网和百度搜索，对现有的李丽同类店铺进行市场环境分析。
3. 制定李丽店铺的营销目标。
4. 设计李丽店铺的营销与推广方式。
5. 完成营销策划方案的设计与撰写。

（■）活动三　设计网络营销策略

活动背景

李丽通过对网络营销计划制订的学习，认识到网络营销中有一项重要的内容，也是对自己店铺的经营十分重要的，就是网络营销策略的设计与应用。但是网络营销策略具体包含哪些方面，李丽不是很清楚。现在让我们与李丽一起通过本活动来学习如何解决这个问题。

活动实施

网络营销策略由传统的关注产品的组合策略转变为关注消费者需求的组合策略，具体包括网络营销产品策略、网络营销产品定价策略、网络营销渠道策略和网络营销促销策略。

一、网络营销产品策略

网络营销产品策略是指企业根据网络消费者需求，针对企业产品做出的调整、计划与决策，是网络营销策略的重要组成部分。网络营销产品策略主要包括产品定位策略、新产品开发策略、产品组合策略。

（一）产品定位策略

产品定位策略是指企业根据调查、比较和分析，确定自己的市场定位和产品定位。产品定位主要包括产品的功能定位、包装定位、外形定位、品牌定位和对比定位策略。

（二）新产品开发策略

现代企业若想在激烈的竞争环境中取得发展，不断开拓新市场，开发新产品是其必经之路，也是企业竞争的核心。随着社会的发展、技术的进步，再加上网络的日新月异，产品市场生命周期大为缩短，常见的新产品开发策略如下。

新问世产品策略：指企业开创一个全新的产品。

新产品线策略：由于市场细分、消费者需求存在差异性，企业通过调查、研究、开发出新的产品线投入市场，补充企业产品，满足消费者需求。

现有产品的改良策略：指企业根据技术和消费者需求的变化，改良现有产品，提高其功能和价值，用于替换现有产品。

降低成本的产品策略：指企业能提供同样产品功能但成本较低的新产品。在如今的网络时代，消费者对产品的功能和价格提出了更高的要求，功能相同价格越低的产品更受消费者欢迎。

重新定位的产品策略：指企业为适应市场日新月异的变化，获得更广泛的市场空间，重新对产品进行包装定位。

（三）产品组合策略

产品组合策略是指企业根据其经营目标、自身实力、市场变化、消费者需求的变化等情况，对产品销售做出的调整策略，即从产品的广度、深度和关联度进行不同的组合。

常见的网络营销产品组合策略如下。

扩大产品组合策略，即扩展产品组合的广度和深度，增加产品系列或项目，扩大经营范围，适应市场变化，满足消费者需求。

缩减产品组合策略，即降低产品组合的广度和深度，减少产品系列或项目，集中力量经营企业的一个系列的产品或项目，并做细做强，提高产品的专业化水平，提高产品竞争力。

产品延伸策略，是指企业为取得竞争的有利地位，部分或全部改变原先产品的市场定位。具体做法有向上延伸、向下延伸和双向延伸三种。

二、网络营销产品定价策略

网络营销产品定价策略是网络营销组合策略中最重要的组成部分。影响企业制定价格策略的因素有很多，不仅要考虑到产品的成本费用，还要考虑到市场的竞争情况以及消费者的接受能力。由于网络的特性，网络营销产品定价策略种类繁多，常见的主要有以下五种。

（一）低价渗透定价策略

低价渗透定价策略是指该商品网上定价很低，企业利用低价策略吸引消费者关注并进行购买。该策略的优势是能迅速帮助企业扩大宣传，吸引消费者。但是采用此策略时，企业首先要注意顾客是否对产品价格的变化很敏感，易做出购买决定；其次要注意区分价格信息发布的渠道；最后要注意价格的调整变动，要紧跟同类商品的价格的变化。

（二）免费定价策略

免费定价策略即产品免费，主要是企业用于产品推广或促销，从企业的发展来看主要是为了占领市场，一般都是短期的或是临时的。

（三）差别定价策略

差别定价策略是指针对不同的消费者，同一产品企业制定不同价格的策略。常见差别定价主要有五种形式，分别是以顾客为基础的差别定价、以产品形式为基础的差别定价、以产品形象为基础的差别定价、以产品地点为基础的差别定价和以产品时间为基础的差别定价策略。

（四）特殊产品定价策略

特殊产品定价策略是指根据产品的特殊性及网上消费者对产品的需求程度进行产品定价。这种定价策略主要适用于有特殊收藏价值的商品或是较另类的商品。

（五）拍卖竞价策略

拍卖竞价策略是指通过互联网以拍卖竞价方式定价，价高者获得购买权。网上拍卖竞价主要有竞价拍卖、竞价拍卖、团购价三种方式。

认识尾数定价法

定价策略中还有一种策略叫作尾数定价。尾数定价也被称为零头定价，这种定价方法主要针对的是消费者的求廉心理。尾数定价和整数定价其实在价钱上差别很小，可是在消费者的心理上却是差别很大。例如，商品的价格是9.9元和商品的价格是10元，其实只相差0.1元，可是消费者会认为第一件没有超过10元，还是个位数比较便宜，反之觉得10元价格比较高。所以尾数定价就是从消费者的求廉心理出发的定价策略。

三、网络营销渠道策略

网络营销渠道是指消费者获得企业通过网络提供的商品或是服务的具体通道。根据网络营销渠道是否存在中间环节，将其分为网络直接营销渠道和网络间接营销渠道。网络直接营销渠道是指不存在中间商，提供商品或是服务的企业自己建立网络营销站点，顾客直接从生产企业订货、购买，完成结算。网络间接营销渠道就是指存在网络中间商，帮助生产企业完成与消费者的交易活动。

在实际的竞争环境中，企业将网络营销渠道和传统营销渠道全部整合，实施整合营销，推动企业实现目标。

知识链接

传统企业注重网络，深度分销实现目标

武汉豆香聚食品有限公司为迎合市场发展，不断加强对产品和消费者需求的关注，不断拓展自己的连锁店铺，企业从一家小门店发展成有500万资产的大企业。但是，该企业并没有放弃网上营销。在市场稳定后，企业建立了自己的网站，实行网络招商加盟，同时还借助多家知名企业平台，深度分销。

随着传统营销和网络营销、直接营销和间接营销的结合，营销渠道多，客户自然也会多，企业的市场占有率不断攀升。整合营销对提升企业的竞争力很关键，是未来企业营销发展的主要形式。

四、网络营销促销策略

网络营销促销简称网络促销，是指通过网络向网络消费者传递相关商品的降价、折扣等活动信息，刺激消费者需求，影响消费者的购买决策的各种活动。

常见的网络营销促销的策略有网上折扣促销策略、网上赠品促销策略、网上抽奖促销策略、积分促销策略、网上联合促销策略等。网络营销促销策略的具体内容将在活动五中详细介绍。

活动效果

通过本活动的学习，李丽认识到网络营销策略的重要性，也认识到各种策略对于开展网络营销的影响。李丽根据自己的网店准备好好思考自己该如何定价，实施什么样的产品和促销策略，让自己的店铺销量能有明显改变。

团队实训

在网络营销策略中，跟我们自己最紧密相关的就是网络营销产品价格策略。分组讨论：如果你是李丽，你将从哪些方面考虑产品的定价问题。

活动四　发布网络广告

活动背景

现在，李丽已经比较清楚店铺未来的营销发展道路，但是，竞争激烈的网上市场同类店铺数量这么多，如何迅速增加流量，脱颖而出呢？虽然店铺有了直通车，但是效果一般，做不做广告成为李丽比较纠结的问题。通过之前的学习，李丽也了解到还存在网络广告这一种广告形式，可是网络广告如何收费、通过什么渠道收费以及怎么利用网络广告宣传成为困扰李丽的难题。让我们与李丽一起通过学习本活动来解决这个问题。

活动实施

一、认识网络广告

网络广告也被称为在线广告、互联网广告等，是指利用计算机网络作为广告媒体，采用相关的电子多媒体技术制作，并通过计算机网络传播的广告形式。

与其他媒体的广告相比，网络媒体广告具有传播范围广、交互性强、针对性强、受众数量可准确统计、实时灵活、成本低、网络广告效果可测评等特点。

二、知悉网络广告类型

网络广告分为品牌类网络广告和搜索引擎类广告。

（一）品牌类网络广告

品牌类网络广告，顾名思义就是在互联网上推广品牌，其目的是让大家知道它，从而进行企业形象宣传。品牌类网络广告主要有品牌图形广告、固定文字链接广告、分类广告、富媒体广告和电子邮件广告等形式。

（二）搜索引擎类广告

搜索引擎类广告是基于搜索引擎及其细分产品的各类广告，包括排名类产品广告、内容定向广告、品牌广告等多元广告。

知识链接

认识旗帜广告

旗帜广告属于网页广告，是运用最广的一种广告形式。旗帜广告一般位于页面顶部，给用户的印象较深，像一面旗帜一样，旗帜广告对于建立品牌形象、提升用户的认知有着不可低估的作用。

三、制订网络广告计划

（一）确立网络广告目标

网络广告目标是在对企业产品的竞争情况、产品的营销目标及产品的定位等情况的调查和分析的基础上确定广告目标的。

（二）确定目标群体

网络广告目标群体的确定才能保证网络广告投放的有效性，才能让消费者参与进来，实现企业目标。

（三）确定广告主题

确定广告主题是为了让广告内容能一目了然地显现出来，突出产品的特点，吸引目标群体，让产品与消费者需求能有效地实现契合。

（四）确定网络广告预算

网络广告通常是利用专业服务商的广告资源进行投放的，因此为了实现广告目标，需要做好合理的广告预算。常见的广告预算方法有量力而行法、销售百分比法、竞争对等法和目标任务法。

量力而行法是指企业能提供的所有用于广告的资金数额。

销售百分比法是指企业按照销售额或单位产品售价乘以一定的百分比，计算得到广告预算。

竞争对等法是指企业根据产品竞争者的广告投入计算本企业的广告预算。

目标任务法是指企业根据实现广告目标需要执行的所有工作任务的费用之和计算广告预算。

（五）网络广告创意及策略的选择

网络广告创意及策略的选择是十分重要的，是影响广告效果的关键因素。企业在该方面的选择一定要根据广告的目标、预算、产品的特点和目标群体的特点等综合考虑，确定好广告的表现形式。

（六）网络广告资源的选择

确定好网络广告的创意和策略后就是广告的投放，即网络广告资源的选择。网络广告资源的选择主要由企业网络广告的目标决定。

四、发布网络广告

企业发布网络广告的形式多样，由于企业自身的需求和经济情况的不同，常见形式主要有创建公司网站发布广告、外购广告时空发布广告和利用网络技术发布广告。

（一）创建公司网站发布广告

自建网站发布广告是今后网络广告的发展趋势。通过此种形式，不管是进行网络营销还是网络广告宣传，企业都会更有主动权，不受限制，但自建网站进行网络广告发布成本高。

（二）外购广告时空发布广告

企业通过付费或是免费利用第三方网络中介服务机构，发布网络广告，实现宣传目标。常见的第三方网络中介服务机构有专业销售网、黄页形式、行业名录、网上报纸与杂志和网络内容服务商。

（三）利用网络技术发布广告

企业利用互联网的现有的功能和技术发布网络广告，如利用互联网存在的自由网站和免费信息空间发布广告信息。

知识链接

广告创意的重要性

广告创意是指能成功展现广告主题且能与受众有效沟通的艺术构思。只有有创意、有想法的广告才会给消费者带来深刻的印象，才能有效地帮助企业产品树立良好、独特的形象。

活动效果

通过学习，李丽知晓了网络广告概念、类型及如何发布网络广告。但由于资金有限，又需要迅速增加流量，所以李丽准备利用网络技术发布自己店铺的相关广告。李丽准备利用电子邮件为自己的店铺好好做一番宣传。

团队实训

掌握利用网络技术发布免费信息广告。

分组讨论，利用电子邮件、新闻组为李丽店铺的淘宝女装做好网络广告宣传。

📷 活动五 开展网络促销推广

活动背景

李丽在学习制订网络营销计划的时候，就意识到网络营销策略的设计十分重要，其中网络营销促销在自己未来的店铺经营管理中肯定会遇到。这不，"三八"妇女节即将来到，如何抓住这次契机，做好促销活动，把自己的店铺一炮打响。让我们与李丽一起通过本活动的学习来解决这个问题。

一、认识网络营销促销

网络营销促销简称网络促销，是指通过网络向网络消费者传递相关商品和服务的降价、折扣等活动信息，刺激消费者需求，影响消费者的购买决策的各种活动。

网络促销与传统促销相比，具有自己独特的特点。网络促销不受时空限制，在与消费者沟通方面形式多样，主要通过网络传输实现沟通，属于双向信息交流；网络促销的对象主要是针对所有网络用户，而传统促销是针对所有的普通大众。但网络促销和传统促销的本质依旧没有发生变化。

二、知悉常见网络营销促销形式

网络促销是网络营销中经常使用的手段之一，网络促销的形式很多，在这里主要介绍七种常见的促销手段。

（一）网上折扣促销

网上折扣促销跟传统折扣促销实质是一样的，都是通过对商品价格进行打折，吸引消费者，实现促销目标。网上折扣促销是一种十分有效的促销策略，从经济人的角度出发，无论是什么样的价格，只要是有波动，消费者都会十分敏感，网上折扣更是如此。

（二）网上赠品促销

品牌不仅运用了网上折扣的方法，还运用了网上赠品的形式。通过下单即随机发放赠品，刺激消费者购买。所以网上赠品促销就是根据消费者的需求或喜好，鼓励他们经常访问网站或是参加购买，获取相应的赠品，刺激消费者购买，提高消费者的品牌忠诚度和稳定性。

（三）网上抽奖促销

网上抽奖促销也是企业比较喜欢采用的一种促销形式。企业一般在产品的调查阶段、推广阶段或企业开展庆典活动时，会采用这种抽奖活动刺激消费，如图3-10所示。现在的网上抽奖活动一般都会要求消费者通过填写问卷、信息注册或参加网上投票活动等方式参与，所以企业利用网上抽奖方式，让消费者都心甘情愿地留下联系方式，获得大量的客户资源。

图3-10　网上抽奖促销形式

（四）网上积分促销

网上积分促销与传统积分促销本质是一致的，都是通过鼓励消费者多次消费或是参加企业活动获得积分，然后进行积分兑换，换取优惠券或其他产品。网上的积分促销主要是需要消费者通过浏览网页、注册信息、增加产品购买次数、参与网站互动等方式实现，所以企业利用消费者自愿接受的这种促销形式，也培养了消费者的品牌忠诚度。如图3-11为网上积分促销形式。

（五）电子优惠券促销

电子优惠券与普通纸质优惠券一样，只不过电子优惠券是电子形式，主要有电子打折券和电子代金券两种形式，其制作和传播成本低，但传播效果可精准量化。这种促销手段也是企业经常运用的形式，如图3-12所示。

图3-11 网上积分促销形式

图3-12 网上电子券促销形式

（六）节假日促销

节假日促销是指在节日期间，企业利用消费者节日消费的心理，综合运用广告、折扣、赠送、抽奖等营销的手段，进行产品、品牌的推介活动，旨在促进产品销售，提升品牌的形象。对于网络营销来说，节假日促销活动涉及到的手段比较多，形式很丰富，对消费者来说影响也较大，能形成巨大的吸引力，尤其是对于节日消费类产品来说，节日营销的意义显得更为重要，如中秋节、端午节等。

（七）联合促销

联合促销是最近几年发展的新的促销方式，指两个以上的企业或品牌开展合作促销活动。这种促销方式是利用较低的成本帮助联合促销企业实现较好的促销效果。进行联合促销时，需要联合企业最大限度展现自己的优势，发挥促销的功能，达到理想效果。

网络促销的形式还有很多，企业在采用促销形式时，可以单独采用某一种形式，也可以同时采用多种形式，需要结合自己的实际需求，通过网络促销策划，进行可行性和效果分析，综合评判采用哪种网络促销形式，实现企业的促销目标。

活动效果

李丽在本活动的学习下，掌握了网络营销促销活动的具体策略，在即将到来的节日，李丽打算结合自己店铺的实际情况，运用网上折扣促销和网上赠品促销两种策略，利用免费计算机网络技术，通过电子邮件和新闻组，为自己的店铺打响宣传的第一枪。

团队实训

开展网络促销策划

工作任务：自由组队，规划自己的网店类型，根据预开设的网店，尝试制订一份完整的网络促销策划方案。

操作步骤：

1. 组建团队，讨论开设店铺的创意，确定店铺类型，形成店铺开设的初步策划。

2. 根据所学的网络促销方法，讨论、制订促销策划方案，并体现增加流量的具体措施。

3. 讨论改进措施，形成报告。

项目总结

通过本项目的系统学习，李丽掌握了网络营销的基本常识，明确了实践网络营销包含的具体实践内容和活动，并能根据学习内容，结合实际店铺情况，有效地开展实践活动。

本项目的学习，让李丽明晰了实践网络营销内容。通过边学习边实践，不断总结分析，增强了李丽的创业热情，也提升了李丽对电子商务、网络营销的学习兴趣，这些知识更为李丽增加店铺流量的目标打下了基础。

实战训练

一、单项选择题

1. 网络营销包含了从获取商品信息、商品结算到最后售后服务，属于一种全程的营销方式。体现了网络营销的（   ）特点。

A. 个性化   B. 整合性   C. 交互性   D. 时空性

2. 在线调查问卷设计的核心是（   ）。

A. 问题的设计   B. 发布平台的确定   C. 问卷的排版   D. 问卷的前言

3. 下列不属于网络广告的特点的是（   ）。

A. 交互性强   B. 受众数量可准确统计

C. 实时灵活   D. 成本高

4. 网络营销与网上销售的相比（   ）。

A. 两者目标不同   B. 两者完全不同   C. 两者范围不同   D. 两者完全一样

5. 常见的企业网站形式不包括（   ）。

A. 产品销售型   B. 主题讨论型   C. 综合电子商务型   D. 信息发布型

二、多项选择题

1. 下列属于网络营销与传统营销的区别的是（   ）。

A. 营销策略不同   B. 本质不同   C. 促销手段不同   D. 营销渠道不同

2. 网络社区营销的主要形式包括（   ）。

A. 电子公告板   B. 聊天室   C. 论坛   D. 讨论组

3. 根据是否得到用户允许，电子邮件营销分为（   ）。

A. 许可电子邮件营销   B. 未经许可电子邮件营销

C. 内部列表   D. 外部列表

4. 常见的网络营销产品组合策略有（   ）。

A. 扩大产品组合   B. 缩减产品组合   C. 产品延伸   D. 新产品策略

5. 无站点营销的具体方法主要包括（   ）。

A. 发布信息   B. 在线销售   C. 即时信息   D. 加入行业信息网

三、判断题

1. 网络营销就是电子商务。（　　　）

2. 网络营销与传统营销完全不同。（　　　）

3. 搜索引擎就是搜索引擎优化。（　　　）

4. 店铺只要有了流量就肯定有销量。（　　　）

5. 只有建立自己的网站平台，才能够开展网络营销。（　　　）

四、简答题

1. 网络营销与传统营销的相同点和不同点。

2. 一份完整的网络营销计划应该包括哪些内容？

3. 网络营销组合策略包含哪些内容？

4. 常见的网络广告定价方式有哪些？

5. 常见的网络营销促销策略形式有哪些？

五、场景实训题

根据本项目的学习内容，请你根据李丽店铺的实际情况和所学知识，为李丽的店铺设计完成一份完整的网络营销策划书。各小组分组完成策划书并提交，进行分析总结。

项目4 初识电子商务物流

项目概述

电子商务专业二年级的赵刚同学，即将面临毕业，他渐渐对电子商务物流方面的工作产生了浓厚的兴趣，可是他对电子商务企业的物流并不十分了解。希望到电子商务企业去工作的他，打算在就业之前认真了解电子商务企业的物流，为将来顺利进入企业做好充分的准备。那么，他应该首先从哪些方面去学习呢？经过和老师的沟通，他得知应该先从了解一家电子商务企业物流开始，深入学习电子商务企业物流业务和流程。与此同时，老师还建议他，可以利用校园或周边的简易物流设施，亲身体验小型电子商务企业物流与配送流程，善发现、勤学习、多思考，积累实践经验。

认知目标

1．知悉电子商务企业物流。
2．熟知快递服务流程及要求。

技能目标

1．能应用电子商务企业常用物流技术。
2．会使用物流设施和智能快递设施。

素养目标

1．强化学生对电子商务物流行业的职业认知。
2．提升学生在终端快递方面的实践操作能力。

任务一 认知电子商务企业物流

任务描述

电子商务企业的发展一直呈现快速变化的特征，随着市场竞争的加剧，电子商务企业十分重视在物流领域的战略布局。电子商务企业认为，物流是他们取胜的关键。本任务中让我们与赵刚同学一起学习到底什么是企业物流，电子商务企业的物流具体有哪些，电子商务企业的物流业务流程又是怎样。

任务分解

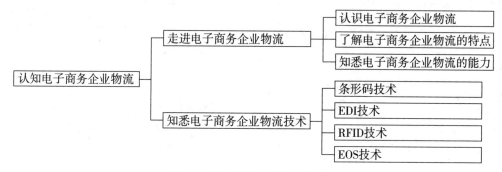

图4-1 认知电子商务企业物流框架图

活动一 走进电子商务企业物流

在没有深入学习电子商务企业物流之前，很多同学认为电子商务企业的物流就是送快递，这样的工作风里来雨里去，不仅辛苦而且枯燥乏味，但其实送快递仅仅是电子商务企业物流的冰山一角。随着电子商务企业竞争的不断加剧，物流的地位越来越重要。随着物流行业的快速发展，电子商务企业整体物流水平的不断提高，企业的物流模式也越来越多样化，很多电子商务企业将物流业务进行外包，完全依靠专业的第三方物流来完成。因此系统学习电商企业的物流知识，对每一位电子商务专业的同学来说是很有必要的。

一、认识电子商务企业物流

（一）企业物流的含义

企业物流是指在企业范围内的物品实体流动。企业物流包括企业日常经营生产过程中涉及的所有生产和销售环节，如原材料的购进、产品的销售、商品的配送等都属于企业物流。

？【做一做（想一想）】

1. 企业物流与物流企业的区别。

2. 请结合企业物流的含义，说一说什么是物流企业？分析这两个概念的不同。

（二）电子商务企业物流的含义

电子商务企业物流是指物流企业在实现物流电子化的基础，以物流业务为核心，整合信息流、商流、物流、资金流的优势，开展电子商务相关的应用服务。

电子商务企业物流包括了电子商务企业对所拥有的供应链上所有物流资源进行整合、优化，从接受客户订单、处理订单、分拣货物、运输到配送给客户的全过程。

电子商务企业的物流能力是衡量电子商务企业物流运营综合素质和整体水平的综合指标，由响应速度、物流成本、订单完成准时性和订单交付可靠性等构成。

二、了解电子商务企业物流的特点

（一）B2B电子商务企业物流的特点

B2B（Business-to-Business，企业对企业之间的营销关系）电子商务企业物流相较于其他模式而言，由于其物流服务的对象并不是终端消费者，而是生产厂家。B2B电子商务企业接受到的订单来自遍及国内外的批发商、经销商、代理商、零售商等。产品多呈现批量较大、金额较大、品种量比较稳定等特点。B2B电子商务企业的物流模式，主要是厂家自建物流和第三方物流。

知识链接

美菜网是全球最大的餐饮食材供应商Sysco在国内的对标企业之一，致力于打造为B端商户提供优质食材移动电商平台，旨在提升生鲜供应环节流通效率。自2014年成立以来高速成长，至2017年年底销售规模超100亿元，对照Sysco的成长历程，美菜网成功的核心之一就是自建物流配送。

生鲜品类自身的非标准化决定了物流配送同样具有非标准化的特征，基于此，美菜网加快自建物流配送，并投入建设冷链物流体系，打造多温层配送体系，从而把控全流程配送质量，同时，通过信息化方式科学规划配送路径，提升配送效率。

（二）B2C电子商务企业物流的特点

B2C（Business-to-Customer，企业对消费者之间的营销关系）电子商务企业物流，服务对象为众多品牌商。物流的产品，不仅品种多、批次多批量少，而且对物流服务的体验要求更高，时间要求更灵活。B2C电商企业不仅面临消费者的回购较多，同时也会产生一定量的逆向物流。B2C电商企业的物流呈现物流配送信息化、配送流程自动化、物流服务系列化、物流管理柔性化等特点。B2C电商企业的物流模式主要有自营物流、第三方物流、自营外包相结合，共同配送。

（三）C2C电子商务企业物流的特点

C2C（Customer-to-Customer，消费者对消费者之间的营销关系）电子商务企业物流，服务对象是中小卖家。物流的产品除了在单品金额上有一些差距外，物流配送的产品类别和数量与B2C端的相差并不大。但由于C2C端的电子商务商家，大多是个人或小卖家，大多数资金实力较弱，因此，C2C电子商务企业的物流模式主要是第三方物流，也就是小卖家将物流配送完全外包，依靠第三方物流配送来实现产品到消费者手中的物流过程。

知识链接

B2C与C2C电子商务企业物流有何差别？

虽然都是电子商务物流，B2C物流和C2C物流的体系却有本质的不同。C2C物流需要有快递前端的收件、集货、分拣、分拨等上游物流网络体系，然后经过干线运输和多级分拣配送，最后才到客户手里。

而B2C物流，往往是品牌商提前直接将货物发送到各地电商仓储系统或品牌商自有仓储系统中，客户采购订单下达后，直接在临近客户当地的物流中心分拣、打包，就近配送到客户手里。

B2C物流比C2C物流系统省掉了多次搬运与分拣分拨，物流体验好，配送时间快，快递包裹运输距离短。根据相关的市场调查分析，目前一般国内电商包裹，C2C物流包裹的平均运输距离一般在1200公里以上，而B2C物流的电商包裹运输距离一般都低于500公里。

三、知悉电子商务企业物流的能力

电子商务企业物流的能力是一个由许多子能力构成的多层面体系，各种构成要素的强度，以及它们相互协调、相互作用的效果，决定着企业整体的物流能力。

（一）物流运营能力

物流运营能力是电子商务企业整个能力体系的外在综合表现，也是电商企业物流竞争力最直接的体现，主要包括订单处理能力、库存管理能力、分拣能力、包装能力、运输能力和配送能力等。

物流运营能力是以各种有形的物流资源要素为基础的，包括运输配送车辆、仓储设施、订单分拣设备、装卸搬运设备等。但并不是所有的电商企业都必须拥有这些物流设备，对于选择自营物流模式的企业来说，其物流运营能力取决于其自建物流系统，对于选择外包物流模式的企业来说，其物流运营能力则依赖于与之建立合作关系的第三方物流。由于物流是电子商务企业能够与用户接触的唯一环节，越来越多的电商企业开始通过自建物流系统来加强对"最后一公里"物流配送的控制，以确保客户满意。

（二）市场能力

市场能力是企业销售产品、建立产品品牌和企业信誉的能力。市场能力和物流能力表面上是两个系统，但实际却相互联系，电子商务的完成以物流为基础，而物流运营的效果又反过来受制于商流，没有商流则无物可流。

电子商务企业的市场能力包括市场促销与推广能力、企业品牌和信誉、客户服务能力和产品质量一致性等。

对于电子商务企业而言，其运营的网站有较高的流量是非常重要的，流量的大小往往取决于企业的市场推广能力。而流量的商业价值在于其成交转换率，因为虚高的流量只会浪费企业的广告费用和推广费用。成交转化率则取决于企业的品牌信誉度和客户服务能力。

（三）信息能力

信息能力是指企业将各个物流环节的各种物流信息进行实时采集、分析、传递，并向客户提供各种作业明细信息及咨询的能力。

作为一种有价值的物流资源，信息是电商企业物流运营的命脉，信息可获性不仅影响网络计划过程，而且影响与物流表现有关的日常决策。强大的信息处理能力在物流整体能力构成要素中异常重要，企业必须通过建立一体化的物流信息系统来提高物流全过程的可视性。

电子商务企业的信息能力主要包括内部信息共享能力和与外部信息交流能力。内部信息共享能力将总部与各业务网点和物流设施连接成一体化的信息网络，实现数据共享和无纸化办公。与外部信息交流能力是指对外与客户、承运人等供应链合作伙伴实现对接，提供统一的信息接入和查询服务。

（四）管理能力

管理能力体现的是电子商务企业对整个物流系统进行计划、控制、组织、协调的能力，主要包括组织管理能力和资源整合能力。

组织管理能力是指电商企业根据市场环境的变化，结合企业发展战略和自身条件对物流网络布局、企业组织结构、业务流程及工作制度等进行改善、优化，以促进电商企业控制成本、提高服务水平的能力，体现了电商企业管理层的决策能力。

资源整合能力是用系统论的思维方式将企业内外部不同来源、不同层次、不同结构、不同内容的资源，进行识别与选择、汲取与配置、激活与有机配合，实现资源配置的整体优化和协调发展，从而实现供应链系统整体最大效益。

知识链接

阿里巴巴、京东整合全供应链系统资源布局物流

早期在C2C领域，阿里巴巴集团的淘宝系占据绝对主导地位，随着B2C网购的高速发展，天猫平台开始发力，阿里巴巴系菜鸟物流的重点也开始逐步向B2C物流发力。阿里巴巴集团副总裁、零售通总经理林小海表示，零售通将在全国2000多个城市布局前置仓，并与区域仓形成有效的互补。京东从B2C领域起家，B2C物流系统一直是京东的强项，也是京东商城的核心竞争力，目前京东仓储面积在全国通用仓储企业中稳居第一名，仅次于专业的物流地产巨头普洛斯。

知识链接

目前京东与天猫平台都希望各大品牌商尽可能使用自己电商平台的仓储系统，实现对末端物流配送的统一优化与运筹，发挥智慧物流的预测、优化、运筹、集约等优势，实现前置布仓，让物流先行；实现智慧分仓，建立云仓系统；实现资源共享，提升末端共同配送效率。可以讲，在B2C电子商务物流中，智慧物流发挥着越来越重要的作用。

◉ 活动二　知悉电子商务企业物流技术

一个电子商务企业物流水平和物流效率，跟这个企业采用的物流技术是密不可分的，现在电子商务企业广泛采用的现代物流技术有哪些呢？

一、条形码①技术

（一）条形码的含义

根据我国国家标准GB/T 12905-2000，条形码是由一组规则排列的条、空及对应的字符组成的标记，用于表示一定的信息。

条形码是利用光扫描阅读并实现数据输入计算机的一种特殊代码，它是由一种粗细不同、黑白或彩色相间的条、空及其相应的字符、数字、字母组成的标记，用以表示一定的信息。

（二）常用条形码及识别

1. 常用条形码

（1）商品条形码

商品条形码是由一组规则排列的条、空及其对应代码组成的图形，用于表示商品编码信息。具有识别速度快、准确性高、成本低廉、国际通用等特点，是进入商品信息数据库的"关键字索引"。

❓【做一做（想一想）】

请你找一找你身边带有条形码的物品，打开手机微信扫一扫它的条形码，看看会出现哪些信息？用支付宝扫一扫、淘宝扫一扫各会出现什么呢？

通过扫描商品条形码，可以实现对商品及其相关信息的自动采集与数据传递，如产品的生产商、规格、数量、价格、生产日期、防伪等信息。需要注意的是，商品条形码本身是无含义的，并不包含这些信息。常见的商品条码和分段，如图4-2、图4-3所示。

编码是核心

图4-2　常见的商品条形码

6　901234　567892

前缀码　厂商识别代码　产品项目代码　校验位

"690"———— 为前缀码，由国际物品编码协会（GSI）分配；

"6901234"— 为厂商识别代码，由所在国家或地区编码组织分配，在我国由中国物品编码中心进行统一管理；

"56789"———— 为产品项目代码，由企业自行分配；

"2"———— 为校验位，由标准算法计算得出。

图4-3　商品条形码的分段含义

---

① 条形码：又称"条码"。

（2）物流条形码

物流条形码是物流过程中用以标识具体实物的一种特殊代码，它是由一组黑白相间的条、空组成的图形，利用识读设备可以实现自动识别、自动数据采集。

商品从生产厂家到运输、交换等整个物流过程中都可以通过物流条形码来实现数据共享，使信息的传递更加方便、快捷、准确，从而提高整个物流系统的经济效益。

物流条形码有如下特点。

①储运单元的唯一标识：储运单元是由若干消费单元组成的稳定和标准的产品集合，是收发货物、运输、装卸、仓储等物流业务所必需的一种商品包装单元，一般是多个商品的集合，也可以是多种商品的集合。

②服务于供应链全过程：厂家生产出产品，经过包装、运输、仓储、分拣、配送，直到零售商店，中间经过若干环节，物流条形码是这些环节中的唯一标识，因此它涉及面更广，是多种行业共享的通用数据。

③表示的信息多：商品条形码通常是一个13位数字条码。物流条形码则是一个可变的，可表示多种含义、多条信息的条形码，是货运包装的唯一标识，可表示货物的体积、重量、生产日期、批号等信息，是贸易伙伴根据在贸易过程中共同的需求，经过协商统一制定的。

④可变性能好：随着国际贸易的不断发展，贸易伙伴对各种信息需求的不断增加应运而生，其应用在不断扩大，内容也在不断丰富。

2. 条形码的识读

条形码的识读主要是由扫描器来完成的，光电转换器是扫描器的主要部分。当扫描器对条形码符号进行扫描时，由扫描器光源发出的光通过光系统照射到条形码符号上，光电转换器将光信号进行转换并译码，编译成计算机可直接采集的数字信号。这就是条形码可被扫描器识读的基本原理。

？【做一做（想一想）】

请你结合周围的生活环境，如商场、饭店、超市等，说一说条形码扫描设备都是什么样的。

（三）条形码技术在电子商务中的应用

知识链接

电商平台实行商品条形码管理势在必行

随着电子商务的高速发展，越来越多的网上商城，如京东商城、1号店、苏宁易购等国内知名网站转向了开放平台，得到了广大商户的青睐，也赢得了很多市场。但是，对于目前网络零售中存在的商户无证经营、商品来源不正规、消费者不信任等一系列问题，网上商城仍然很难找到有效的解决办法。因此，网上商城对于进一步提升产品质量，净化网购环境，走一条标准化、规范化的可持续发展之路迫在眉睫。

显然，作为商品"身份证"和商品流通的"国际通行证"的商品条形码，在帮助网上商城提高品牌信誉度、提高所售商品质量、解决一手货源问题等方面具有不可比拟的天然优势。

1. 网上商城商品条形码的应用

网上商城的商品管理一般包括后台商品库存管理、上货、出货、编辑管理、商品分类管理、商品品牌管理等。在商品添加后台中，商品条形码可以作为商品的一个基本数据项，列入商品信息数据表中。在信息数据库中，网上商城通过商品条形码这个唯一"关键字"索引号，建立起该商品所有信息的关联，如厂商名称、产品规格、生产日期、许可证号、订单号等，为消费者网购提供精确搜索和快速查找。

知识链接

　　为保证商品信息的准确性及完整性，提升消费者购买效率，给消费者更便捷的购物体验，同时提升商家的品质形象。淘宝（含天猫商城）针对店铺及商户于2014年3月14日正式发布"开放商品条码管理功能通知"，具体有如下要求。

　　1. 2014年3月14日，在商品编辑功能中提供商品条码补充入口并同时提供API补条码。

　　2. 2014年3月17日，提供淘宝助理的商品补充功能。

　　3. 2014年3月25日，提供手机千牛端扫描补码（商家手动扫码补充）。

　　4. 2014年4月，店铺商品补充准确条形码的商家，有机会获得专门手机端的活动奖励。一经发现条形码错误的情况，淘宝及天猫商城有权以滥用信息对商家进行处罚。

　　根据网上商城商品条形码管理的要求，大多数商家都需要在商品管理后台进行相应条形码的录入和补录操作，具体如下图4-4所示。

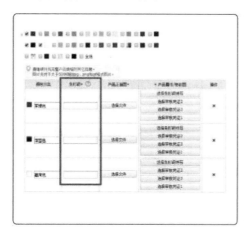

图4-4　商品信息管理后台设置"条形码"字段

　　针对商家反映在上传和补录条形码过程中会出现错误的情形，网上商城在后台管理中还专门设置有条形码纠错以及提交纠错说明的操作，如下图4-5、图4-6所示。

图4-5　商品信息管理后台条码纠错

图4-6　商品信息管理后台条码纠错时需提交说明

2. 网上商城物流条形码的应用

电子商务企业无论是自营物流模式还是非自营物流模式，条形码的应用都极为普遍。在所有不同类别的条形码中，又以箱码的应用最为常见。

箱码是使用在商品外包装箱上，用于商品分拣、仓储、批发、配送等流通过程中的全球唯一标识系统的条码符号。箱码符合全球统一的编码和标识规则，可以在全球范围内唯一标识特定包装单元物品。箱码仅需一次编码（通常由制造商负责）和一次条码印刷，供应链上所有利益相关企业都可以共同使用。在应用过程中，制造商、物流商、批发商、零售商等都可以依据统一规则进行箱码数据的采集、跟踪和统计，从而在商品分拣、仓储、批发、配送等供应链各环节中实现自动化管理与无缝式信息交换，大大提高工作效率，确保产品信息的实时性与准确性，降低运营成本。

网上商城自营物流模式下，箱码的应用如下图4-7所示。

图4-7 某网上商城自营物流条码（箱码）应用示意图

二、EDI技术

（一）EDI的概念

EDI（Electronic Data Interchange）是电子数据交换的英文缩写，它是通过电子方式，采用标准化的格式，利用计算机网络进行结构化数据的传输和交换的一种信息技术。

（二）EDI的特点

EDI的适用对象不仅仅局限于物流交易双方，行政事务等机构也可用其来传输文件。

EDI的处理对象为物流业务资料报文（如单证、发票等）。

EDI传输的文件具有自动跟踪和防冒领，以及电子签名等功能。

EDI传输的文件数据为标准化的数据，遵循一定的语法规则与国际标准，具有固定的格式并具有校验功能。

EDI通信网络使用增值网或者是专用网。

EDI传输方式为数据自动传输，由应用程序自动响应，没有人工介入处理操作。

（三）EDI运用的流程

发货商在接到订货后，制订货物运送计划，并把运送货物清单及运送时间安排等信息通过EDI发送给物流运输商和订货商（如零售商），以便物流运输商预先制订车辆调配计划和订货商制订货物接收计划。

发货商根据客户订货的要求和货物运送计划，下达发货指令，进行分拣配货，打印出物流条形码的标签并贴在货物包装箱上，并把与商品有关的信息通过EDI发送给物流运输商和订货商。

物流运输商取货时，利用车载扫描读数仪器读取货物标签的条形码，并与收到的数据进行核对，以便确认货物。

运输商在物流中心对货物进行整理、集装，并制成运货清单，通过EDI向订货商发送发货信息，在运输的同时对货物进行跟踪管理。

将货物交给订货商以后，通过EDI向发货商发送运送业务，完成信息和运费请示信息。

订货商接到货物后，对货物进行核对确认，开出收货发票，货物入库的同时通过EDI向运输商和发货商发送确认信息。

（四）EDI技术的运用实例

戴尔通过网络用EDI技术向供应商提供实时数据，使供应商了解零部件库存、需求预测及其他客户信息，更好地根据戴尔的需求组织生产并及时配送，从而使大多数零部件只在戴尔仓库存放15分钟以内；同时，戴尔的客户在网上按指令配置电脑，下订单5分钟后就可以得到确认，36小时以内客户订购的电脑就会下生产线并装上配送车。

三、RFID技术

（一）RFID概述

RFID（Radio Frequency Identification）是无线射频识别的英文缩写，它是一种集计算机技术、信息采集处理技术、无线数据传输技术、网络数据通信技术、机械电子自动控制技术等多学科综合应用于一体的自动化控制技术。

该技术是通过对远距离移动、静止目标进行非接触式信息采集处理，实现对各类物体、设备、车辆和人员在不同状态（移动、静止）下的自动识别，从而实现目标的自动化管理。

（二）RFID在服装管理中的应用

RFID技术引入服装管理中，可以对服装仓库到货检验、入库、出库、调拨、移库移位、库存盘点等各个作业环节进行合理保持和控制企业库存。与虚拟试衣间的结合应用，让RFID技术的应用更接近消费者，实实在在让消费者切身体会到它的便利。可以从两个方面来分析其应用价值。

对消费者而言，只要将带有RFID标签的衣服放置在射频识别可读取的范围内，系统就会通过射频扫描该件衣服的相关信息，并显示在大屏幕上供其挑选试穿等。改变传统进出试衣间、穿了又脱的试穿方式。

对于服装店管理者而言，采用这样的系统可实时查看顾客挑选的服装种类，也可做出合适的推荐。同时试衣间收集的数据也将让服装店受益，根据这些数据，服装店可以研究客户行为，优化营销决策。通过了解客户试穿的款式，哪些推荐款式得到了客户的认可，店主就可以调整库存，展示当地客户更为青睐的服装。

RFID技术应用到高速ETC

高速公路自动收费系统是RFID技术最成功的应用之一。射频识别技术的运用，可以实现高速上收费不停车，车辆可以在保持车速通过收费站的同时自动完成收费，这样可以避免停车收费导致的交通流量减慢的问题。

四、EOS技术

（一）EOS的含义及分类

电子自动订货系统（Electronic Ordering System，EOS）是指企业间利用通信网络（VAN或互联网）和终端设备以在线联结（ON-LINE）方式进行订货作业和订货信息交换的系统。

EOS按应用范围可分为企业内的EOS、零售商和批发商之间的EOS，以及零售商、批发商和生产商之间的EOS系统。

（二）EOS的作用

如今的电子商务市场并非只有电商企业的舞台，传统企业也在转型，越来越多的零售、制造企业以各种方式进入电商领域。而越来越多供应链上的合作企业，选择通过EOS系统实现销售实时数据的共享。不仅如此，自营物流的电商企业还能通过EOS系统管理，优化库存提高整体物流管理效益。具体如下。

对于传统订货方式，如上门订货、电话订货等，EOS系统可以缩短从接到订单到发出订货的时间，缩短订货商品的交货期，减少商品订单的出错率，节省人工费用。

有利于减少企业的库存水平，提高企业的库存管理效率，同时也能防止商品特别是畅销商品缺货现象的出现。

对于生产厂家和批发商来说，通过分析零售商的商品订货信息，同时也能防止商品特别是畅销商品出现缺货现象。

有利于提高企业物流信息系统的效率，使各个业务信息子系统之间的数据交换更加便利和迅速，丰富企业的经营信息。

（三）EOS的类型

EOS并非是由单个的零售店与单个的批发商组成的系统，而是由许多零售店和许多批发商组成的大系统的整体运作方式。

1. 企业内的EOS系统（连锁体系内部的网络型）

企业内的EOS系统即连锁店由电子订货装置，连锁总部有接单电脑系统，并用即时、批次或电子信箱等方式传输订货信息。这是初级形式的电子订货。

2. 零售商与批发商之间的EOS系统（供应商对连锁门店网络型）

其具体形式有两种：一种是由众多的不同连锁体系下属的门店对供应商下单，由供应商直接接单发货至门店。另一种是以各连锁体系内部的配送中心为中介，即连锁门店直接向供应商订货，并告知配送中心有关订货信息，供货商按商品类别向配送中心发货，并由配送中心向门店送货。这是中级形式的电子订货系统。

3. 零售商、批发商和生产商之间的EOS系统

其特征是利用标准化的传票和社会配套信息管理系统完成订货作业，其具体形式有两种。

一是地区性社会配套的信息管理系统网络，即成立由众多的中小型零售商、批发商构成的区域性社会配套的信息管理系统运营公司和地区性的咨询处理公司，为本地的零售业服务，支持本地区EOS的运行。

二是专业性社会配套信息管理系统网络，即按商品的性质划分专业，从而形成各个不同专业的信息网络。

这是高级形式的电子订货系统，必须以统一的商品代码、统一的企业代码、统一的传票和订货的规范标准的建立为前提条件。

（四）EOS在电子商务领域的应用——易订货在B2B中的应用

易订货是国内首款移动订货系统，帮助企业快速构建专属的客户订货电商平台。通过这个系统，企业拉动与下游客户之间在订货协作、商品推介、库存查看、资金支付、物流查询、渠道沟通等业务环节的紧密协作，形成稳定的移动商圈，迎接"互联网+"时代的渠道销售模式变革。它的主要功能有商品管理、客户管理、资金管理、促销管理、库存管理、业务员管理、在线支付管理、信息发布等。

任务总结

赵刚同学经过学习，不仅掌握了电子商务企业物流的概念、特点和能力，而且熟悉了电子商务企业的物流技术，如条形码技术、EDI技术、RFID技术等。在学习完以后他感觉电商企业的竞争力重在物流，他打算毕业后首先进入物流企业深入学习，能充分使用物流信息技术设备，积累更多物流方面的工作经验，确保自己有更多的职业选择和机会。

团队实训

分析大型电商平台企业物流的特点

全班同学分为若干组（5～8人一组），选取阿里巴巴集团，对其国内B2B、B2C、C2C三种业务下的物流进行分析，参照书本中电商企业物流特点的知识，从阿里巴巴三种业务，经营的产品及服务特点、物流模式、物流服务对象等角度进行评价分析。每个小组成员进行分工，然后制作成PPT，派小组代表上台阐述。

任务二　体验电子商务物流与配送

任务描述

刘健同学是一名物流专业二年级的中职生，下学期即将面临就业。他在校园生活中感知，快递业是一个不错的行业，希望毕业后先从事快递业的工作，为将来回安徽老家创业积累经验。那么他应该学习快递行业的哪些相关知识呢？在互联网快速发展的当下，为了熟悉快递业务知识，成为一名合格的快递业务员，他首先需要学习快递服务的基础知识，熟悉快递业务流程，会简单操作快递行业的设施设备。

任务分解

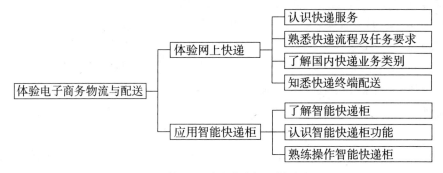

图4-8　体验电子商务物流与配送框架图

🎦 活动一　体验网上快递

刘健同学自己在校园里也常常需要收寄快递，但他往往是从消费者的角度去感知这种服务，极少从快递从业者的角度去学习和思考。他认为自己将来既然要从事这一领域的工作，就应该认真踏实、系统地学习快递服务的基础知识，为将来提供优质的快递服务做好知识储备。

一、认识快递服务

（一）快递服务的含义

快递服务是快速收寄、分发、运输、投递（派送）单独具有分装具有名址的信件和包裹等物品，以及其他不需要存储的物品，按照承诺时限递送到收件人或指定地点，并获得签收的寄递服务。

（二）快递服务的特点

快递服务的本质反映在一个"快"字上，"快"是快递服务的灵魂。

快递服务是"门到门""桌到桌"的便捷服务。

快递服务需要具有完善、高效的服务网络和合理的覆盖网点。

快递服务能够提供业务全程监控和实时查询。

快递服务要求快件需单独封装，具有名址、重量和尺寸限制，并实行差别定价和付费结算方式。

二、熟悉快递流程及任务要求

（一）快递流程的含义

快递流程是指快件传递过程中逐渐形成的一种相对固定的业务运行与操作顺序与环节。按照快递业务运行顺序，快递流程主要包括快件收寄、快件处理、快件运输和快件派送四大环节，如图4-9所示。

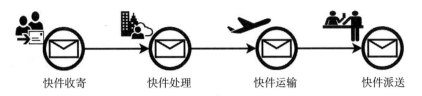

| 快件收寄 | 快件处理 | 快件运输 | 快件派送 |

图4-9　快递流程

（二）快递流程的任务要求

1. 快件收寄

快件收寄的方式主要有上门揽件和网点收寄。随着快件网点的增多，以及网点终端设施的不断完善，很多客户都采取网上自助下单或者电话下单的方式来进行快件寄送。

快件收寄的主要任务是验视快件、指导客户填写运单、包装快件、计费称重、快件运回、交件交单。

2. 快件处理

快件处理分为快件分拣和快件封发，主要是按客户运单填写的地址和收寄信息，将不同流向的快件进行整理、集中，再分拣并封装成总包发往目的地。

3. 快件运输

快件运输是指在统一组织、调度和指挥下，按照运输计划，综合利用各种运输工具，将快件迅速、有效地运达目的地的过程。快件运输的方式主要有航空运输、公路运输、铁路运输。

4. 快件派送

快件派送是指业务员按照运单信息上门将快件递交收件人并获得签收信息的过程。

派送的具体工作：进行快件交换、选择派送路线、核实用户身份、确认付款方式、提醒客户签收、整理信息和交款。

三、了解国内快递业务类别

快件是快递服务组织依法收寄并封装完好的信件和包裹等寄递物品的统称，根据不同性质和特点可分为以下几类。

（一）按照内件性质划分

内件是指客户寄递的信息载体和物品。

1. 信件类快件

信件类快件是指内件符合收寄规定的各种手写或印刷的文件、资料类快件。

2. 包裹类快件

包裹类快件是指内件符合收寄规定的各种馈赠品、商业货样及商品类快件。

（二）按寄达范围划分

1. 同城快递服务

同城快递服务是指寄件人和收件人同在一个城市的快递服务。

2. 异地快递服务

异地快递服务是指寄件人和收件人分别在不同城市的快递服务。

（三）按照服务时限划分

1. 标准服务快件

同城快件时限不超过24小时，异地不超过72小时。

2. 承诺服务时限快件

承诺服务时限快件又可分为当日达快件、次日达快件、隔日达快件。

3. 特殊要求时限快件

特殊要求时限快件是指服务时限承诺标准之外，客户提出个性化寄递要求的快件。

知识链接

快递服务的五星级标准

目前，最受关注的《快递服务》国家标准、《快递企业等级评定管理办法（试行）》等文件已经陆续实施。《快递企业等级评定管理办法（试行）》规定，快递企业等级评定由企业规模评定和服务评定两部分组成。规模评定按企业的业务量、经营收入、自营网络覆盖范围等综合条件分为A型、B型、C型和D型四个等级；快递企业服务评定从公众服务评价、服务时效、人员素质和信息化管理水平等方面对参评企业进行综合评定，分为五星、四星、三星、二星四个等级。其中，五星级企业部分标准要求主要包括如下内容。

1. 本品牌网络内，重点城市间的快件全程时限72小时准时率在95%以上。

2. 百万件快件用户有效申诉在10件以下。

3. 快递业务员中，具备《快递业务员国家职业技能标准》初级以上资格的不低于60%。

4. 品牌所辖自营网点在省会、直辖市的覆盖范围达到100%；网点在省辖市的覆盖率在90%以上，其中，自营网点覆盖率应不低于50%。

5. 拥有全国统一客户服务号码，一站式办理咨询、揽收、查询和投诉处理。

6. 符合规定的快件信息上网率达到99%以上。

（四）按赔偿责任划分

1. 保价快件

寄递快件时客户除缴纳运费外，还按照声明价值的费率交纳保价费的快件，如果发生意外，客户可向快递公司索赔。

2. 保险快件

客户除缴纳运费外，还需按照快递企业指定保险公司投保，如果发生意外，客户可向保险公司索赔。

3. 普通快件

《中华人民共和国邮政法》及其实施细则规定：未保价的给据邮件丢失、损毁或者内件短少的，按照实际损失赔偿，但最高赔偿额不超过所收取资费的三倍。

（五）按业务方式划分

1. 基本业务

主要指收寄、分拣、封发、运输、派送等服务。

2. 增值业务

如代收货款等。

（六）按付款方式划分

1. 寄件人付费快件

寄件人付费快件是指寄件人在寄递快件的同时自行支付快递资费的快件。

2. 收件人付费快件

收件人付费快件是指寄件人和收件人商定，由寄件人在收到快件时支付快递资费的一种快件。另外，对于国际特快专递收件人付费业务是指传递国际特快专递邮件所需的各种费用（如邮资、清关费等）由收件人支付，无须由寄件人承担，但是寄件人在交寄邮件时要填写一份"信用保证单"，承诺如遇有收件人拒收邮件或拒付费用等情况下，由寄件人承担全部邮寄费用及所产生的一切相关费用。

3. 第三方付费快件

第三方付费快件是指寄件人和收件人及快递企业商定，在收件人收到快件时由第三方支付快递资费的一种快件。

四、知悉快递终端配送

（一）快递终端配送的意义

快递终端配送被称为"最后一公里"的配送，"最后一公里"作为第三方服务产业链中与顾客接触程度最高的环节，是整个快递流程服务水平的最终体现。

快件经过企业、配送中心、快递网点，最终到达客户手中，形成了网络状的服务供应链，而在快递成本与服务水平的博弈中，"最后一公里"配送体系起着关键性的作用。

如何合理化地构建快递"最后一公里"体系并逐步改善和解决物流高峰期"最后一公里"问题是现代快递行业发展的核心内容。

（二）我国快递终端配送的模式

我国快递终端配送的运营模式，目前主要有三种：送货到户、人工代收和智能快递柜。

1. 送货到户

送货到户是快递员将快件送到客户家中，当面完成签收，优质的服务在面对面接触过程中能为企业创造良好的口碑。

2. 人工代收

人工代收是指快递公司将快件派送到就近的代收网点，收件人凭手机客户端收到的取件码到相应的代收网点取件，由代收网点的工作人员或经营者当面交付快件。

人工代收中涉及的代收网点有专业代收网点、小区便利店、小区物业代收点、街道超市、校园代收点、快递公司网点、连锁店快递代收点等。

知识链接

快递终端配送的人工代收形式

人工代收是集结快件的第三方代收平台，是连接快递公司和客户的中转点，如菜鸟驿站、熊猫快收和小麦公社等平台，人工代收是目前最为盛行的一种模式。研究表明，人工代收点若是便利店，客户取件不但会增加店铺人气，而且大约有25%的客户在取件时会购买商品。

3. 智能快递柜

智能快递柜作为一个24小时服务于客户的自助设施，突破了时间的限制，不仅方便了客户收取快递，还实现了客户随时收、寄快递这一需求。

智能快递柜使得收、寄件更加方便，通过它将快件暂时保存在投递箱内，并将投递信息通过短信等方式发送给用户，为用户提供24小时自助取件服务，这种服务模式较好地满足了用户随时取件的需要，受到快递企业和用户的欢迎。智能快递柜主要应用在大型商场、超市、学校、居民楼等场所。

知识链接

智能快递柜起源于德国的DHL（中外运敦豪国际航空快递有限公司），它跟人工代收的区别在于无人值守，既能节约快递员的时间又方便客户取件，目前我国的智能快递柜公司有速递易、丰巢、富友、云柜等。

活动二　应用智能快递柜

随着人们生活节奏的加快，网上购物消费的数量快速增加，周边快递服务设施也越来越完善，很多商业区、社区、学校等人群聚集地出现了越来越多的智能快递设施。刘健同学认为，学习这些智能快递设施的相关知识十分有必要，而且应当会使用这些设施，他感觉这可能就是未来快递发展的趋势，为此他应该学习哪些相关知识呢？

一、了解智能快递柜

（一）智能快递柜的含义

智能快递柜是指设立在公共场合，可供寄递企业投递和用户提取快件的自助服务设备。

（二）智能快递柜的构成

智能快递柜主要由格口箱、控制柜和信息系统三部分组成。

格口箱箱体可由框架、顶板、底板、侧板、后板和格口等组成。

控制柜应安装操控显示屏、条码扫描器、键盘、电源、控制系统和其他扩展功能模块。控制柜还可根据需要加装其他模块，如支付模块、身份证等RFID卡识读模块和凭证打印模块等。

信息系统由控制系统与支撑系统两部分组成。控制系统实现用户界面交互、硬件控制和与支撑系统的内部通信等功能。支撑系统实现与控制系统的内部通信以及快递业务系统等外部系统的信息交互。

智能快递柜结构如下图4-10所示。

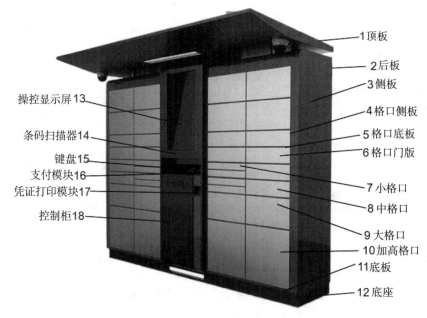

图4-10　智能快递柜结构图

二、认识智能快递柜功能

智能快递柜有两大总体功能：业务功能和内部管理功能。

（一）业务功能

1. 投放快件

快递业务员将快件投放到快件箱内。

2. 用户取件

用户从快件箱内取出快件。

3. 取回逾期件

快递业务员将逾期件从快件箱取回。

4. 扩展功能

快件箱可以扩展支付、退件和查询等功能。

（二）内部管理功能

1. 快递业务员管理

实现对快递业务员的注册、查询和识别等管理。

2. 快递企业管理

实现对快递企业的注册、查询和识别等管理。

3. 快件信息查询

实现快件从投放至快件箱内到用户提取全过程的信息查询服务。

4. 快件箱管理

实现快件箱运行状态监控以及快件箱布放位置和数量等信息查询功能。

5. 数据统计

实现对快件箱内投放快件数量和种类，以及对格口使用情况等数据进行统计分析功能。

6. 其他管理功能

其他管理功能包括协议用户管理、快件箱操作日志管理、远程控制维护和安全监管等功能。

三、熟练操作智能快递柜

（一）基本原则

快递企业或快递业务员将快件投放到快件箱前应征得收件人的同意。

快递业务员投放快件前应检查快件外包装，外包装破损的快件不应投放到快件箱内。

快件箱的每个格口应只投放一件快件。

用户取件时如果发现以下情况，应及时联系快递企业或快件箱运营商：格口没有快件；所取快件非本人快件；快件外包装破损；快件内件破损；内件与实际物品不符；其他异常情况。

（二）投放快件流程

快件投放流程应包括以下步骤，如图4-11所示。

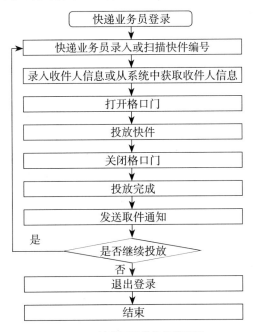

图4-11 快递员投放快件流程图

①快递业务员登录。

②快递业务员录入或扫描快件编号。

③快递业务员录入收件人手机号码等联络信息，或通过支撑系统从快递业务系统获取收件人手机号码等联络信息。

④快件箱打开格口门。

⑤快递业务员将快件投放到格口中。

⑥快递业务员关闭格口门。

⑦投放完成，快件箱向收件人发送取件通知。

⑧快递业务员继续投放新的快件，重复②～⑦的操作。

⑨投放快件结束，快递业务员退出登录。

（三）用户取件流程

用户取件流程应包括以下步骤，如图4-12所示。

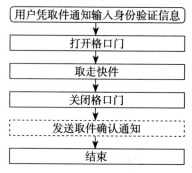

图4-12　用户取件流程

①用户凭取件通知输入身份验证信息。

②快件箱打开快件所在格口门。

③用户取走快件。

④用户关闭格口门。

⑤取件完成后，快件箱可向收件人发送取件确认通知。

任务总结

刘健同学经过学习快递服务的概念，国内快递业务的主要类别，快递的四大流程及任务要求，重点学习了智能快递柜的投放件、取件流程。刘健同学认为自己可以熟练操作快递终端配送设施设备——智能快递柜，为将来自己找工作做好了准备。

实战训练

一、单选题

1. 经营B2B业务的电商企业物流的服务对象是（　　）。

A. 生产厂家　　　　B. 个人消费者　　　　C. 电商企业本身　　　D. 经营的产品

2. 电子商务企业中应用最为常见的物流技术是（　　）。

A. 条形码技术　　　B. EDI技术　　　　　C. RFID技术　　　　D. EOS

3. 快递流程主要包括快件收寄、快件处理、快件运输和（　　）四大环节。

A. 快件通知　　　　B. 快件派送　　　　　C. 快件回收　　　　　D. 快件理赔

4. 保价快件是指寄递快件时客户除缴纳运费外，还按照声明价值的费率交纳保价费的快件，若发生意外，可向（　　）索赔。

A. 保险公司　　　　B. 快递公司　　　　　C. 产品厂家　　　　　D. 发货方

5. （　　　）是指设立在公共场合，可供寄递企业投递和用户提取快件的自助服务设备。

A．ATM机　　　　　　B．自助货柜　　　　　　C．自动售卖机　　　　　　D．智能快递柜

二、多选题

1. 电子商务企业的物流能力主要从（　　　）方面来体现。

A．物流运营能力　　　B．市场能力　　　　　　C．信息能力　　　　　　D．管理能力

2. B2C电商企业的物流模式主要有（　　　）。

A．自营物流　　　　　B．第三方物流　　　　　C．自营外包相结合　　　D．共同配送

3. 电子商务企业的物流运营能力主要包括订单处理、库存管理、分拣、包装、（　　　）能力。

A．市场　　　　　　　B．运输　　　　　　　　C．配送　　　　　　　　D．信息处理

4. 快递服务的流程中，快件处理分为（　　　）两项工作。

A．快件收寄　　　　　B．快件封发　　　　　　C．快件分拣　　　　　　D．快件派送

5. 智能快递柜的两大总体功能是（　　　）。

A．业务功能　　　　　B．内部管理功能　　　　C．取件寄件功能　　　　D．数据功能

三、判断题

1. EDI是仓库管理系统的缩写。（　　　）

2. EOS是指企业间利用通信网络和终端设备以在线联结方式进行订货作业和订货信息交换的系统。（　　　）

3. 商品条形码具有储运单元的唯一标识、服务于供应链全过程、表示的信息多和可变性能好的特点。（　　　）

4. 国内标准快件同城快件时限不超过24小时，异地不超过72小时。（　　　）

5. 《中华人民共和国邮政法》及其实施细则规定：未保价的给据邮件丢失、损毁或者内件短少的，按照实际损失赔偿，但最高赔偿额不超过所收取资费的三倍。（　　　）

四、简答题

1. 以一个B2C电子商务平台为例，说明其企业物流的特点。

2. 根据日常生活中我们使用智能快递柜取件寄件的操作，结合智能快递柜的功能，说一说智能快递柜涉及哪些物流信息技术。

3. 智能快递柜由哪几个部分组成？用户在取件的过程中，出现哪些情况时需要联系快递企业或智能快递柜运营商？

项目5 体验电子支付

项目概述

随着我国经济的飞速发展，国内电子商务也进入了一个高速发展的阶段，2018年天猫"双11全球狂欢节"销售额再创世界新纪录达到了2135亿元，我国的网上支付市场处于快速发展时期。从网络购物、海外代购、电子商务、网上转账、还贷、缴费、买保险，到网上订机票、订酒店，电子支付已渗透到人们生活的方方面面。各大运营商为了吸引更多的消费者，不仅打价格战，同时也推出了各种简易的支付方式和手段，让消费者不仅可以选择银行提供的网上支付功能，同时还可以通过一些快捷支付方式在网上购买商品。

认知目标

1. 了解电子商务网上支付系统与电子支付方式。

2. 理解并学会使用第三方支付及各种快捷支付。

3. 掌握电子支付流程。

4. 了解网上银行基础知识。

技能目标

1. 能够独立完成网上购物。

2. 能够按任务实施过程进行实践操作。

3. 能够选择最方便、快捷、安全的方式完成电子支付操作。

素养目标

1. 培养学生团队合作能力。

2. 培养学生支付安全意识。

任务一　认识电子支付

任务描述

刚进入中职学校学习电子商务的任小明同学在学长的帮助下，了解到很多同学都是在网上购物的，于是就决定先去了解一下网上购物，去认识什么是电子支付，有哪些支付方式，电子支付系统安全，什么是网上银行，如何开通网上银行等。带着这些疑问任小明同学开始了电子支付的学习之路。

任务分解

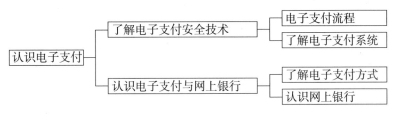

图5-1　认识电子支付框架图

((•)) 活动一　了解电子支付安全技术

目前，由于许多不法分子通过非法渠道获取了客户网购信息，以"退款"或"退货"为由电话联系客户，要求客户加聊天工具，并点击其提供的"钓鱼网站"的链接。针对出现的被骗的现象，应该怎么来防范呢？

一、电子支付流程

电子支付是指从事电子商务交易的当事人，包括消费者、厂商和金融机构，通过信息网络，使用安全的信息传输手段，采用先进的技术通过数字流转来完成信息传输的，其各种支付方式都是采用数字化的方式进行款项支付或资金流转。常见的电子支付流程图如图5-2所示。

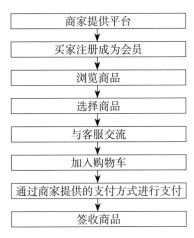

图5-2　电子支付流程

二、了解电子支付系统

电子支付给消费者带来了便利，也为银行业带来了新的机遇，同时提出了挑战。现阶段常见的电子支付系统如下所述。

（一）电子现金支付系统

电子现金支付系统在使用上与传统纸质现金相似，比较方便且易于被接受。支付过程不必每次都经过银行网络，成本低，适合小额支付；可以匿名使用，使用过程具有不可追踪性；由于电子现金是依靠密码技术的，所以安全性较高；充分利用了数字签名技术保证安全，防止伪造、抵赖。

比如，常见的公交卡（如图5-3所示）、一些银行卡等在使用过程中就是属于常见的电子现金支付系统。

图5-3　公交卡

（二）电子支票支付系统

电子支票支付是指在互联网平台上利用电子支票完成商务活动中的资金支付与结算。与传统支票支付类似，用户比较熟悉，易于被接受和广泛应用于B2B结算，电子支票具有可追踪性，所以当使用者支票遗失或被冒用时可以停止付款并取消交易，风险较低，通过应用数字证书、数字签名及各种加密/解密技术，提供比传统纸质支票中使用印章和手写签名更加安全可靠的防欺诈手段。

（三）信用卡支付系统

信用卡支付系统架构简单，认证过程比较简便，处理速度快，费用较低。使用方便，付款人只需在选购商品后输入卡号、有效期、姓名等资料立即就可以完成付款。常见的信用卡如图5-4所示。

图5-4　信用卡

活动二　认识电子支付与网上银行

一、了解电子支付方式

从目前我国电子商务发展环境来看，支付方式主要包括线下支付和电子支付两种方式，线下支付就是通过传统的银行汇款或者货到付款；电子支付是以互联网为基础，适用不同的交易过程，电子支付的方式可分为以下几类。

（一）电子货币类

电子货币类常见的有电子现金和电子钱包。

电子现金又称为电子货币（E-money）或数字货币（digital cash），是一种以数据形式流通的货币，通过把用户银行账户中的资金转换成为一系列的加密序列数，通过这些序列数来表示现实中各种金额的币值。用户在开展电子现金业务的银行开设账户并在账户内存钱后，就可以在互联网上接受电子现金的商店购物了。电子现金主要包括三个主体：商家、用户、银行。四个安全协议：初始化协议、提款协议、支付协议、存款协议。

电子钱包是一个可以由持卡人用来进行安全电子交易和储存交易记录的软件，是在小额购物或购买小商品时常用的新式钱包。在电子钱包内可以存放电子货币，如电子现金、电子零钱、电子信用卡等。用户使用电子钱包购物，通常需要在电子钱包服务系统中进行。目前有VISA cash和Mondex[①]两大电子钱包服务系统。

（二）电子信用卡类

电子信用卡包括智能卡、借记卡、电话卡等。

（三）电子支票类

电子支票、电子汇款（EFT）、电子划款等。

（四）第三方支付平台

常见第三方支付平台包括支付宝、财付通等，如图5-5和图5-6所示。

图5-5 支付宝界面　　　　　图5-6 财付通界面

（五）移动支付

如银联云闪付等。

二、认识网上银行

网上银行（网络银行、在线银行、电子银行、虚拟银行等），是指银行利用计算机技术和因特

---

① 编辑注：英国西敏寺银行开发的电子钱包Mondex是世界上最早的电子钱包系统。

网技术，通过因特网或其他公用电信网络与客户建立信息联系，并向客户提供开户、转账、信贷等金融服务的无形或虚拟银行，常见的网上银行如图5-7和图5-8所示。

图5-7 中国工商银行网上银行

图5-8 中国银行网上银行

网上银行的发展模式主要有两种：建立在互联网上的虚拟银行和在传统银行基础上将业务拓展到网上。

（一）网上银行的优点

网上银行能给银行和用户以及商户带来诸多好处。可减少固定网点数量、降低经营成本，用户可不受营业网点及时空限制，方便、快捷、高效，客户端由电脑浏览器组成，便于维护，可提供很多传统银行不能提供的金融服务项目，网上电子邮件通信便于用户与银行及银行内部沟通联系。

（二）网上银行的特点

相对于传统银行，网上银行具有如下特点。

1. 开放性与虚拟化

网页服务器代替传统银行建筑物，网址取代地址，其分行是终端机和互联网虚拟电子空间。

2. 无分支机构

利用互联网即可将金融业务和市场延伸到全球。

3. 智能化

主要借助信息化智能手段，人工干预少，提供更多更快的金融服务。

4. 创新化

创新产品服务，能提供传统银行没有的业务，比如手机银行；网上银行必须通过不断创新技术、产品来适应市场的变化。

（三）网上银行服务的内容与范围

网上银行服务一般分为基本网上银行服务、个人网上银行服务、企业网上银行服务、信息发布等。

1. 基本网上银行服务

基本网上银行服务包括银行广告、宣传、操作规程、最新通知、年报、在线查询、交易等，信息对网上的所有访问者开放。

2. 个人网上银行服务

个人网上银行服务提供全方位、个性化的服务，包括个人信息修改、业务查询服务、个人贷款业务、电子商务、投资理财服务、信息服务、网上申请服务、自助缴费服务、转账汇款服务等。

3. 企业网上银行服务

企业网上银行服务分为集团客户及一般客户。企业网上银行服务包括收款业务、贷款业务（自助贷款业务和委托贷款）、企业信用管理、付款业务、账户管理、集团理财、投资理财、信用证及汇款业务的汇入汇款信息查询业务及其他服务。

4. 信息发布

信息发布包括国际市场外汇行情、兑换利率、储蓄率、汇率、国际金融信息、证券行情、银行信息等功能。

团队实训

1. 分析三种电子支付系统的优缺点

全班同学分成若干组（5～8人一组），各组自选组长，组长对本组成员进行分工，完成下表。

表5-1　三种电子支付系统对比

名称	优点	缺点
电子现金支付系统		
电子支票支付系统		
电子信用卡支付系统		

根据各小组完成情况，制作简单的PPT并分享，其他各组选派一人为其他组评分。

表5-2　电子支付系统评分表

考评项目	分值	评分
内容充实、详细	50	
态度认真，分工合作	20	
PPT制作图文结合，突出重点	20	
演讲表述清晰、流利	10	
总评		

2. 列举生活中常见的电子支付方式

全班同学分成若干组（5～8人一组），各组自选组长，组长对本组成员进行分工，完成下表。

表5-3　常见的电子支付方式及其常见实例

名称	常见实例
电子货币类	
电子信用卡类	
电子支票类	
第三方支付平台	
移动支付	

根据各小组完成情况，制作简单的PPT并分享，其他各组选派一人为其他组评分。

表5-4 常见的电子支付方式及其常见实例评分表

考评项目	分值	评分
内容充实、详细	50	
态度认真，分工合作	20	
PPT制作图文结合，突出重点	20	
演讲表述清晰、流利	10	
总评		

任务二　体验电子支付

任务描述

　　小明同学在了解了电子支付、知道电子支付的安全性、理解了几种支付方式，同时与网上银行进行比较后，对电子支付有了更进一步的认识，他决定通过网购的方式给远在上海打工的父母买件礼物，于是他让他的学长带他去尝试一下如何使用不同的支付方式，首先他们选择申请开通网上银行，注册支付宝，接着在网上选择商品，最后体验不同类型的电子支付。

任务分解

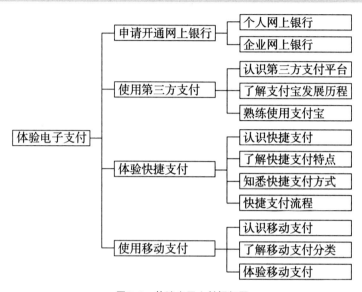

图5-9　体验电子支付框架图

(■) 活动一　申请开通网上银行

　　网上购物现在已经成为人们消费的一种重要方式。网上购物方便快捷，价格相对便宜。但要想实现网上轻松购物，必须先开通网上银行，以便购物时顺利付款。

　　网上银行的申请有两种服务模式：一种面向企业，另一种面向个人。

ICBC 中国工商银行 | 注册

姓名：	张三
证件类型：	身份证 ▼
证件号码：	
手机号码：	
*请输入验证码：	ckut　*ckut* 刷新验证码

温馨提示：如果您还不是我行客户，请输入一张他行卡的柜面预留手机号作为您的注册手机号。

下一步　　**重置**

请与我们联系 webmaster@icbc.com.cn 中国工商银行版权所有

图5-10　中国工商银行的注册页面

一、个人网上银行

个人网上银行服务申请流程如下（以中国工商银行网上银行服务申请业务为例）。

打开中国工商银行主页（https://epass.icbc.com.cn，访问时间：2019-8-15）进行注册并下载安装相应的控件，如图5-10所示。

进入中国工商银行网站，登录个人网上银行，选择开户地点，即可开始使用个人网上银行服务，如图5-11所示。

图5-11 中国工商银行的登录界面

二、企业网上银行

企业网上银行业务申请步骤如下（以中国招商银行企业网上银行的申请业务为例）。

开立账户——携带公司的相关证件、印章到就近招行网点办理开户手续。

填写申请表/协议——客户到招行领取或从网上下载申请表"协议"，填写并盖章交给开户行。

银行审核——银行审核用户的身份及检查申请表和协议。

客户服务中心维护——服务中心为企业开户，分发系统管理密码及IC卡（集成电路卡）密码信封等。

客户领取开户资料、数字证书卡及其读写器驱动程序。

下载安装程序——数字证书卡用户安装读写器及驱动程序，从网银下载页安装企业银行程序。

进行系统设置——对使用局域网代理服务器的用户可能需要进行通讯参数的设置。

处理业务——根据企业需要进行银行相关业务处理。

活动二　使用第三方支付

"2018中国新餐饮消费行为趋势研究报告"指出，移动支付已成为消费者最主流的支付选择，93.2%的消费者外出就餐时通常会选择支付宝或者微信支付，仅有42.7%的消费者通常会选择现金支付，移动支付已成为消费者外出就餐时最主流的支付方式。

一、认识第三方支付平台

第三方支付平台是指在电子商务企业与银行之间建立的支付平台，并且已经和国内外各大银行签约，具备一定实力和信誉保障的第三方独立机构提供的网络支付模式，为商家开展B2B、B2C交易等电子商务服务和其他增值服务提供完善的支持。

第三方支付平台可以有效地保障消费者购买的货物质量、交易诚信、退换要求等环节，并在整个交易过程中对交易双方进行约束和监督。消除人们对网络购物和交易的顾虑，让越来越多的人相信和放心使用网络的交易功能，推动电子商务的快速发展。

常见的第三方支付有支付宝和财付通，下面就以支付宝为例讲述如何使用第三方支付。

二、了解支付宝发展历程

支付宝（中国）网络技术有限公司是国内领先的第三方支付平台，致力于提供"简单、安全、快速"的支付解决方案。支付宝公司从2004年建立开始，始终以"信任"作为产品和服务的核心。旗下有"支付宝"与"支付宝钱包"两个独立品牌，自2014年第二季度开始成为当前全球最大的移动支付厂商。

支付宝提供支付及各种理财服务，包括网购担保交易、网络支付、转账、信用卡还款、手机充值、水电燃气缴费、个人理财等多个领域。支付宝在进入移动支付领域后，为零售百货、电影院线、连锁商超和出租车等多个行业提供服务，还推出了余额宝、蚂蚁信用、花呗等理财服务。

三、熟练使用支付宝

第一步：注册（一般选择用电子邮件或手机号码作为用户名）。

图5-12　支付宝注册

第二步：登录支付宝（可以通过电脑端，也可以通过手机端）。

第三步：用支付宝账号登录淘宝网www.taobao.com（访问日期：2019-8-15），然后可以浏览商品，把心仪的商品放进购物车，最后点击"立即购买"，接着会收到核对订货信息，确认后这笔货款就在支付宝账户里，等到买家"确认收货"后，货款才转到卖家账户里。

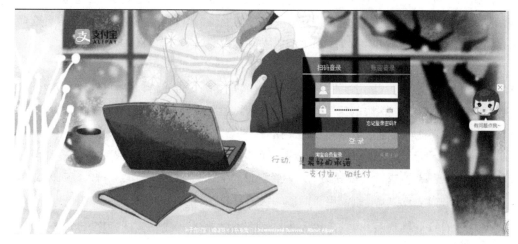

图5-13　支付宝登录

图5-14　加入购物车

图5-15　付款界面

第四步：付款。支付宝提供了五种支付方式：花呗支付、信用卡支付、银行卡支付、余额宝支付、余额支付（提前通过银行卡转账到余额）。

第五步：确认收货。客户在收到货后确认无误，最后点击"确认收货"，就等于通知支付宝把货款转给卖家。

四、第三方支付平台存在的问题

1. 第三方平台支付的法律定位

第三方支付行为中的法律主体主要有第三方支付企业、网上交易双方、银行、第三方交易平台、监管机构、认证机构等。在《非金融机构支付服务管理办法》颁布后，第三方支付企业的性质在法律上已明确，即非金融机构。

2. 第三方平台支付的法律问题

（1）未经授权支付的法律责任问题。

（2）沉淀资金的监管使用。

（3）格式条款问题。

（4）在线支付使用者账号、身份等信息的隐私问题。

（5）网上洗钱。

（6）其他。

知识链接

2018年8月，支付宝与淘宝合作上线拼团功能；8月29日，支付宝（中国）信息技术有限公司法人发生变更，由马云变更为叶郁青。9月7日，支付宝的"养老"专区上线，为用户提供认购、查询、投教等一站式养老投资服务。9月25日，支付宝与高德地图达成深度合作。2019年3月26日起，通过支付宝给信用卡还款将收取服务费。

活动三 体验快捷支付

支付的变化在潜移默化地改变生活，在移动支付高速发展的今天，用户普遍使用手机客户端来完成一系列的生活活动，人们喜欢快捷支付这种方式，省时省力还省时间。快捷支付是2013年新兴起来的一种支付理念，具有方便、快速的特点，是未来消费的发展趋势，其特点体现在"快"和"简单"。

一、认识快捷支付

快捷支付是指用户购买商品时，不需要开通网银，只需提供银行卡卡号、用户名、手机号码等信息，银行验证手机号码正确性后，第三方支付发送手机动态口令到用户手机号上，用户输入正确的手机动态口令，即可完成支付。如果用户选择保存卡信息，则用户下次支付时，只需输入第三方支付的支付密码或者支付密码及手机动态口令即可完成支付。

二、了解快捷支付特点

（1）可跨终端、跨平台、跨浏览器支付。能够支持电脑、手机、平板电脑、电视等终端，支持IE、火狐等浏览器。

（2）操作方便，只需要银行卡信息、身份信息以及手机就能支付，无需使用U盾、口令卡等。

（3）没有大量的页面跳转，减少了被钓鱼的可能性。

（4）没有使用门槛，只要有银行卡，无需开通网银、无需安装网银控件、无需携带U盾/口令卡等。

（5）支付成功率达93%以上。

三、知悉快捷支付方式

（一）扫码支付——主动扫码

POS（Post Of Sales，销售点）机可直接与现有收银台连接，输入收款金额，在机器上出现付款二维码，商家用POS机扫描用户手机上的二维码，用户主动完成付款。

图5-16　扫码支付（主动扫码）

（二）扫码支付——被动扫码

用户手机上的专属付款二维码，对准商家的服务器，被动完成支付。

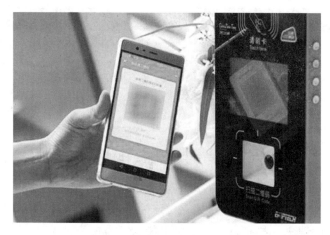

图5-17　扫码支付（被动扫码）

（三）银行卡免密支付

很多商家的POS机都可以实行免密刷银行卡，只需要出示银行卡就可以支付。

图5-18　银行卡免密支付

四、快捷支付流程

以在淘宝网上购物为例，体验快捷支付。

第一步，登录支付宝。

第二步，点击账户管理。

第三步，点击银行卡。

第四步，选择关联方式，选择卡的类型，信用卡或储蓄卡，是否开通网银。

第五步，填写信息，点击同意协议并开通。然后就可以愉快购物了，使用简单快捷的支付方式。

图5-19 体验快捷支付

知识链接

2012年"双十一"购物狂欢节后，快捷支付的用户数已经突破1亿，快捷支付已经成为国内网上支付体系的重要补充。支付宝快捷支付的合作银行已经超过160家，覆盖了国内所有的主流银行。

2013年8月，部分使用支付宝"快捷功能"的客户遭遇网络盗刷，因此警方提醒，不宜将工资卡等账户与快捷支付功能关联。最好每次交易完成后及时关闭该功能，避免银行卡里的钱被人转走。当银行卡被陌生支付宝账户绑定，市民应先冻结银行卡。卡主更换或者注销已绑定过手机金融服务业务的号码时，原有绑定并不会因更换或注销而消除，应提高自身安全防范意识，及时申请解除绑定服务，防止被犯罪分子利用造成财产损失。

快捷支付功能具有里程碑的意义，其降低了网上支付的门槛，同时也提高了安全保障性。以支付宝为例，用户第一次签约认证时，需要做双向网络认证，一是通过互联网与银行实时信息的认证；二是针对金额较大的交易，支付宝还会通过人工回呼用户的方式，确认是否其本人进行操作。如果确认非本人操作，可以及时截留资金并退回银行卡。此外，支付宝还建立了72小时赔付机制，如果用户否认交易并通过支付宝客服以及风险管理体系确认，在用户提供了相关证明后，支付宝会在72小时内全额赔付。

活动四 使用移动支付

为宣传推广"移动支付"，中国工商银行工作人员小方和余主任来到社区和商家联手开展优惠购物活动。居民田大妈和石大爷听说购物有优惠，兴冲冲地赶来，购买了很多东西，付款时掏出现金结账，小方向他们介绍中国工商银行的e支付，可是他们因为不熟悉网络，感到非常麻烦，不愿意使用。余主任告诉田大妈和石大爷使用e支付的二维码扫码付款，会有很大优惠，可以享受消费10元立减5元的优惠，田大妈和石大爷立刻被吸引了，却为不熟悉使用方法而烦恼，小方耐心地指导他们使用方法，他们终于通过中国工商银行的二维码支付享受了优惠。

余主任帮助石大爷用手机缴纳了交通罚款，田大妈和石大爷对购物就是"一码的事"非常点赞，小方和余主任热情地送他们回家。移动支付无疑已经成为自2012年以来智能手机的一大主流功能。

一、认识移动支付

移动支付也称为手机支付，就是允许用户使用其移动终端（通常是手机）对所消费的商品或服务进行账务支付的一种服务方式。单位或个人通过移动设备、互联网或者近距离传感直接或间接向银行金融机构发送支付指令产生货币支付与资金转移行为，从而实现移动支付功能。移动支付将终端设备、互联网、应用提供商以及金融机构相融合，为用户提供货币支付、缴费、理财等金融业务。

二、了解移动支付分类

远程支付指通过移动网络，利用短信、GPRS等空中接口和后台支付系统建立连接，实现各种转账、消费等支付功能的支付方式。

近场支付指通过具有近距离无线通信技术的移动终端实现信息交互，进行货币资金转移的支付方式；使用手机射频（NFC）、红外、蓝牙、Wi-Fi等通道，实现与自动售货机以及POS机的本地通信。简单来说，就是像刷"羊城通""校园卡"一样"刷手机"，实现短距离小额支付。移动近场支付被视为移动支付中最重要，也是最容易实现的一种支付方式。

三、体验移动支付

以在"唯聚一家"网络便利店应用程序（校园内的线上购物平台）购买东西为例。

第一步，关注"唯聚一家"公众号（可通过扫二维码方式）。

第二步，注册（手机号码、姓名、宿舍号码）。

第三步，登录手机应用程序的微商城选择商品，并加入购物车。

第四步，打开购物车，选择提交订单。

第五步，通过手机微信进行付款。

第六步，收货。

知识链接

中国拥有超过10亿部手机，银联则拥有超过20亿张卡片，以及1000万家签约商家，所以移动支付的市场前景可想而知。由于移动支付的发展潜力巨大，所以移动支付产业链上群雄并起，电信运营商、互联网企业、支付厂商、银行等纷纷进军手机支付领域，推动产业发展壮大。移动互联网时代是以应用为王，在手机应用日益普遍的情况下，移动支付的功能在不断推陈出新。例如，第三方支付、银行等争相推出手机支付客户端、二维码支付、无线支付、语音支付、指纹支付等应用，此外购物、理财、生活服务等交易类应用也在不断出现，大大丰富了移动支付的市场应用环境。

目前移动支付涉及电信运营商、金融机构、第三方支付企业、应用开发商、设备制造商等多方利益群体，但由于移动支付国家标准还没具体出台，支付标准仍存变数。

团队实训

1. 列举出常见的银行及其官网

全班同学分成若干组（5~8人为一组），各组自选组长，组长对本组成员进行分工，完成下表。

表5-5　常见银行

常见银行	官网网址

根据各小组完成情况，制作简单的PPT并分享，其他各组选派一人为其他组评分。

表5-6　常见银行评分表

考评项目	分值	评分
内容充实、详细	50	
态度认真，分工合作	20	
PPT制作图文结合，突出重点	20	
演讲表述清晰、流利	10	
总评		

2. 列举出常见的第三方支付平台并指出支付方式

全班同学分成若干组（5~8人为一组），各组自选组长，组长对本组成员进行分工，完成下表。

表5-7　第三方支付平台

第三方支付平台	支付方式

根据各小组完成情况，制作简单的PPT并分享，其他各组选派一人为其他组评分。

表5-8　第三方支付平台评分表

考评项目	分值	评分
内容充实、详细	50	
态度认真，分工合作	20	
PPT制作图文结合，突出重点	20	
演讲表述清晰、流利	10	
总评		

实战训练

一、单选题

1. 电子支票的支付系统就是在互联网平台上利用电子支票完成商务活动中的资金（　　　）。

A. 支付与结算　　　　B. 运营　　　　　　C. 发展　　　　　　D. 消费

2. 智能卡和借记卡都属于（　　　）。

A. 电子货币类　　　　B. 电子信用卡类　　C. 电子支票类　　　D. 第三方支付平台

3. 利用（　　　）即可将金融业务和市场延伸到全球。

A. AI　　　　　　　　B. 电子商务　　　　C. 物流　　　　　　D. 互联网

4. 为适用不同的交易过程，电子支付以（　　　）为基础。

A. 互联网　　　　　　B. 支付　　　　　　C. 物流　　　　　　D. 流量

5. （　　　）是指用户购买商品时，不需开通网银，只需提供银行卡卡号、户名、手机号码等信息，银行验证手机号码正确性后，第三方支付发送手机动态口令到用户手机号上，用户输入正确的手机动态口令，即可完成支付。

A. 第三方支付　　　　B. 移动支付　　　　C. 快捷支付　　　　D. 电子支付

二、多选题

1. 常见的快捷支付方式有（　　　）。

A. 扫码支付——主动扫码　　　　　　　　B. 扫码支付——被动扫码

C. 银行卡免密支付　　　　　　　　　　　D. 电话支付

2. 移动支付为用户提供（　　　）等金融业务。

A. 货币支付　　　　B. 缴费　　　　C. 理财　　　　D. 股票

3. 信息发布包括国际市场（　　　）国际金融信息、证券行情、银行信息等功能。

A. 外汇行情　　　　B. 兑换利率　　　　C. 储蓄率　　　　D. 汇率

4. 远程支付指通过（　　　）等空中接口，与后台支付系统建立连接，实现各种转账、消费等支付功能的支付方式。

A. 移动网络　　　　B. 利用短信　　　　C. GPRS　　　　D. 人工智能

5. 支付宝提供支付及各种理财服务，包括（　　　）手机充值、水电煤缴费、个人理财等多个领域。

A. 网购担保交易　　　B. 网络支付　　　C. 转账　　　D. 信用卡还款

三、判断题

1. 公交卡是电子现金支付系统的一种形式。（　　　）

2. 智能卡和借记卡都是移动支付类。（　　　）

3. 微信不能提供快捷支付。（　　　）

4. 支付宝提供的第三方支付平台受法律保护。（　　　）

5. 手机微信支付属于移动支付的一种。（　　　）

四、案例分析题

在生活中我们经常会买各种东西，请同学们列举出我们生活中常见的支付方式，通过列举例子分析不同支付方式的优缺点。

五、场景实训题

1. 通过开通中国工商银行并登录中国工商银行，体验网上银行的便捷，并通过网上银行体验购物。

2. 注册"唯聚一家"，以消费者的身份体验快捷、移动支付带来的便利，体验网上购物。

3. 登录美团网，到美团网上下单（如美食、电影等），然后再到线下体验商家的服务。

项目6 实践电子商务

项目概述

随着电子商务专业的不断学习和钻研，晓明认识到电子商务已与我们的生活、工作、学习等方面息息相关，甚至电子商务会引领并彻底改变我们的生活。晓明深深地体会到电子商务已大大超越了作为一种新的贸易形式所具有的价值，它不仅会改变企业本身的生产经营和管理活动，而且将影响到整个社会的经济运行与结构。电子商务的不断发展已渗透到社会的各个角落，也促使我们需要不断地突破自己已有的知识体系界限。

认知目标

1. 掌握淘宝开店流程。
2. 知悉常见网络服务。

技能目标

1. 熟悉一种电子商务网站买卖的流程。
2. 能够利用互联网开展一系列的网络服务。
3. 掌握常见网络服务的基本应用。

素养目标

1. 培养学生团队合作精神。
2. 增强学生对电子商务发展和创新应用的认识。
3. 激发学生动手操作的热情。

任务一 体验网上交易

任务描述

晓明看到班上不少同学都有心仪的手机，经常看到小伙伴们闲暇时拿着心爱的手机，随手记录自己的生活和学习，并且还经常把感悟分享到朋友圈里。看着自己碎屏的手机，晓明想用自己的压岁钱换一部国产华为手机，可是去哪个电商网站购买手机呢？晓明脑海中浮现老师前面所讲的各种电商平台，决定先上网看一看，再做决定。

任务分解

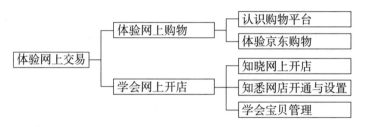

图6-1 体验网上交易框架图

活动一 体验网上购物

晓明去图书馆使用电脑登录百度网站，搜索"华为手机"，发现出来很多相关网店，如华为商城、京东、淘宝、天猫商城、苏宁易购等网站都有华为系列手机产品。晓明看得眼花缭乱，犹豫不决。通过学习下面的知识，你能帮助晓明选择在哪个网站购买华为手机吗？

一、认识购物平台

（一）企业商城官网

图6-2 华为商城官网

如图6-2所示，华为商城官网是华为授权销售的官方网站，官网可寄送产品发票，保障产品质量。通过华为商城官网等官方渠道进行购机，不存在翻新机等问题，保证品质。

（二）京东

华为京东自营官方旗舰店是华为官方授权的自营店，如图6-3所示。京东为用户提供一站式综合购物平台，商品"多"，自建物流实现极速配送服务"快"，坚持正品行货、保证商品品质"好"等服务原则。而且为了吸引客户，还经常有京东秒杀、满额返券、不同等级的客户享有不同的折扣等优惠，并支持货到付款。

图6-3　京东华为自营店

（三）天猫

天猫是2011年由淘宝公司分拆出来的独立公司，即沿袭原C2C业务的淘宝网，平台型B2C电子商务服务商淘宝商城和一站式购物搜索引擎—淘网。2012年淘宝商城更名为天猫，借助于淘宝，其网站的流量大，同样的商品会有相当多卖家在经营，天猫自身不参与任何商品的买卖，只是为卖家提供一个线上卖东西的平台。另外，天猫没有自己的物流体系，需要借助于第三方物流，如图6-4所示。

图6-4　天猫华为旗舰店

（四）苏宁易购

苏宁易购是苏宁电器创建的电商平台，其优势在于可以把实体经济和虚拟经济结合起来，共同发展，是中国O2O（Online to Offline，从线上到线下）智慧零售商，也是中国最优秀的连锁服务品牌之一。其销售模式是除同城销售外可实现异地购物、异地配送。当购买商品的出库城市和收货城市一致且在主城区时，苏宁易购将免费配送。

苏宁易购利用强大的采购平台，可采购有价格优势的商品，为消费者展示丰富的商品，所想即可得，如图6-5所示。

图6-5　苏宁易购平台

（五）其他平台

除了上面几个常见购物网站之外，还有如当当网、国美、中关村等网站都可搜索或购买到您想要的手机。

每个购物平台都有自己的优势和弱势，关键是看您在乎什么，习惯哪些购物平台，信任哪些平台。不论怎么样，手机的单价不低，绝对不能用低价来衡量购物网站。如果电脑浏览这些电子商务网站还没过瘾的话，也可试着下载其相应的手机应用程序，继续用碎片时间去浏览您感兴趣的产品。

二、体验京东购物

（一）打开京东网站

在浏览器的地址栏里输入京东的网址，即可进入京东网站的首页。或者在百度搜索框中输入关键词"京东"，在搜索结果里，找到有京东"官网"字样的链接，也可进入京东网站的首页，如图6-6所示。

图6-6　京东首页

（二）查找心仪的商品

1．搜索关键词

在搜索框中输入您要搜索的商品关键词，然后按"Enter"键，或单击后面的放大镜样的按钮搜索，即可得到相关的信息。

2．通过商品品类查询商品

将鼠标移到京东首页左边的"全部商品分类"下的18大分类中，右边很快就会出现这一大类的下级具体内容导航，在下级内容导航中，再点击您想要查看的具体商品，即可得到相关信息。

3．精确搜索

在搜索栏输入商品编号，可以精确查找到商品。

（三）注册京东账号

如果您还没有京东账号，请点击"免费注册"，步骤如下。

（1）打开京东首页，点击"免费注册"按钮。

（2）进入到注册页面，请填写您的邮箱、手机号等信息完成注册。

（3）注册成功后，请完成账户安全验证，来提高您的账户安全等级。

（四）下单购买

（1）用您刚刚注册的账户和密码，登录京东。

（2）浏览您想要购买的商品，点击"加入购物车"，商品会自动添加到购物车里。

（3）如果您需要更改商品数量，需在商品数量框中输入购买数量。

（4）如果您还想看看本店有没有其他自己心仪的商品，您可以直接在搜索栏里输入关键词，然后点击"搜本店"，如图6-7所示。

图6-7　在本店搜索

点击想要的商品，加入购物车。

（5）选完商品后，点击"去购物车结算"，如图6-8所示。

图6-8　去购物车结算

然后选择加入购物车中的商品，再点击"结算"。

（6）详细填写收货人信息，选择支付方式，是否开具发票，核对送货清单等信息。

（7）确认无误后点击"提交订单"，生成新订单并显示订单编号。

（8）查看订单详细信息，可进入"我的京东"→"订单中心"查看。

（五）购物流程

总之，网上购物的流程和步骤大致如图6-9所示。

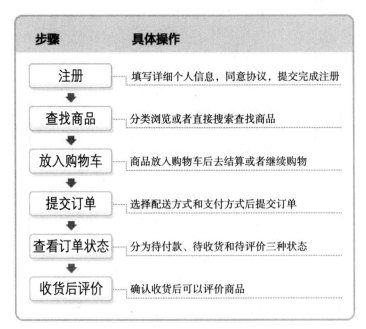

步骤	具体操作
注册	填写详细个人信息，同意协议，提交完成注册
查找商品	分类浏览或者直接搜索查找商品
放入购物车	商品放入购物车后去结算或者继续购物
提交订单	选择配送方式和支付方式后提交订单
查看订单状态	分为待付款、待收货和待评价三种状态
收货后评价	确认收货后可以评价商品

图6-9　网上购物流程和步骤

活动二　学会网上开店

　　唯有学会养活自己，你才可能摆脱孤独和人生路上的迷茫。每到周末，看着空荡荡的宿舍，晓明陷入了沉思。我能做些什么既能充实自己又能实践自己专业知识的事情呢？对了，自己开店做老板吧。随着网络技术的发展，网上开店给晓明提供了一个实现梦想的契机。因为网上开店没有复杂的程序，不需要昂贵的店面租金，也无须仓库，同时上手容易，利润也不小。对于希望开店创业又难以投入太多资金的晓明来说，开网店无疑是较好的选择。但是，晓明想到"工欲善其事，必先利其器"，在开网店之前需要做好哪些准备工作？比如从选择产品、网店平台的选择、用户群体分析等，每一步都对网店经营的未来起着至关重要的作用。

一、知晓网上开店

（一）网上开店的概念

　　所谓网上开店，简单来说就是经营者自己搭建网站或者在相关网站平台上（如淘宝网、拼多多、微店等）注册一个虚拟的网上商店（简称网店），然后将待售商品的信息或提供的服务发布到线上。而其他对商品或服务感兴趣的浏览者通过查阅，然后通过网上或网下的支付方式向经营者付款，最后经营者通过邮寄、送货或消费者自提等方式，将商品或服务送至购买者手中。

（二）经营方式

　　网上开店有多种方式，不同的开店方式需要的开店成本也不同，对销售盈利的结果也会产生一定的影响。要选择适合自己的开店方式，首先需要对各种不同的网上开店方式进行性价比的分析和比较。网上开店的经营方式主要有以下三种。

　　1. 网上开店与网下开店相结合的经营方式

　　已经拥有实体店铺的经营者，为了扩大生意的收益面而兼营网上店铺，这也是比较普遍的一种开店模式。

　　2. 全职经营网店

　　这就相当于是投资创业了，经营者会将全部的精力都投入到网店的经营上来，将网上开店作为自己的事业来做，将网店的收入作为个人收入的主要来源。因此，这种经营方式所要付出的精力及财力也较多，网上店铺的经营效果可能也会更好一些。

3. 兼职经营网店

这是最易实施的一种经营方式。经营者将经营网店作为自己的副业，以增加更多的收入来源为目的。比如，许多在校学生就喜欢利用课余时间经营网店，也有不少上班族利用工作的便利开设网店。

（三）选择商品

网上开店与传统的店铺一样，寻找好的市场和有竞争力的产品是保证成功的重要因素。

网上开店创业有两种选择，一是卖实体物品，另一种是卖虚拟物品。实体物品就是看得见、摸得着的，如服装、化妆品、珠宝饰品、手机、家居饰品等商品。虚拟物品是相对于实体物品来说的，主要包括在虚拟的电脑空间内所有可以交换的商品，包括虚拟货币、虚拟装备、虚拟不动产和其他虚拟物品等。在考虑卖什么的时候，经营者一定要根据自己的兴趣和能力而定，尽量避免涉足不熟悉、不擅长的领域。同时，要确定目标顾客，从他们的需求出发选择商品。

二、知悉网店开通与设置

一般在了解了网店开设与定位，分析了行业数据，然后找到了合适的货源，并确定店铺的经营理念和服务作风等后，接下来我们就可以开通网店了。

（一）网店开通

网上开店需要一个好的平台，人气旺盛和收费及收费标准等都是衡量的指标。目前常见的有易趣网、淘宝网、京东、拼多多和微店等平台可供选择。不同平台有不同平台管理的规则要求，所以开店前要先细读其"规章制度"，不能一概而论。

下面我们以淘宝开店为例，来实操开店操作流程。

淘宝开店认证分为电脑认证、手机淘宝客户端认证和阿里钱盾认证三种方式，系统根据网络环境做出指定推荐，目前无法更改认证方式。下面详细说明电脑认证操作流程。

1. 开店入口

点击淘宝首页上的"千牛卖家中心"下级的"免费开店"链接，如图6-10所示。

图6-10　淘宝开店入口

2. 认证流程

第一步：当您完成支付宝实名认证操作之后，点击返回"免费开店"页面时，您可以进行"淘宝开店认证"的操作，选择"创建个人店铺"。选择开店类型，单击"创建个人店铺"。

第二步："阅读开店须知"，确认自己符合个人店铺的相关规定，点击"我已了解，继续开店"。

第三步："申请开店认证"，需提供认证相关资料，等待审核通知。分别需要通过"支付宝实名认证"和"淘宝开店认证"。点击"立即认证"后，您会进入"淘宝网身份认证"的页面，请点击该页面中的"立即认证"。

第四步：点击"立即认证"后，进入"淘宝身份认证资料"页面，请根据页面提示进行操作（系统会根据您的网络安全作出推荐）。

第五步：若选择或系统推荐为"电脑认证"，请根据所示要求提供凭证。

第六步：资料审核时间为48小时，请您耐心等待，无须催促。

无论哪种认证方式，认证通过后页面均会提示"认证通过"，您可在"认证通过"后进行开店操作。如您的电脑端认证方式未通过，则在收到通知后您可在"千牛卖家中心"—"免费开店"中查看详细原因。

（二）网店基本信息设置

淘宝店铺设置是网店卖家必须掌握的一项基础要求。一个完整的店铺信息能提高店铺的自然流量以及转化。因此，淘宝卖家要对店铺基本设置引起高度重视。

1. 店铺基本设置

前面已经介绍了"店铺名称"和"店铺标志"，接下来就是店铺简介。店铺简介一共分为三部分："掌柜签名""店铺动态""主营宝贝"。按照格式书写，把需要写的内容输入在相应格式后面。在搜索店铺的时候主营宝贝和掌柜签名会给予显示，并且这些内容会加入索引中。

具体路径："千牛卖家中心"—"店铺管理"—"店铺基本设置"进入设置店铺介绍，设置成功后也可以随时进入进行修改。

2. 域名设置

大家可以通过"域名设置"中的更改域名把自己的淘宝店铺的URL更改为自己独有且容易记住的域名，如图6-11所示。

图6-11　淘宝店铺域名设置

3. 子账号管理

淘宝卖家开通子账号可以方便主号空出更多时间去运营其他重要事务，更重要的是对于咨询人数较多时，可以分流到更多的子客服上，让买家缩短等待时间，提高服务效率、服务质量和转化率，对店铺的整体权重亦非常有帮助。

三、学会宝贝管理

（一）发布宝贝

进入淘宝首页导航栏的"千牛卖家中心"页面，在"宝贝管理"里点击"发布宝贝"，默认显示"一口价"方式，如图6-12所示。

选择商品所属一级、二级、三级类目后，点击"我已阅读以下规则，现在发布宝贝"。

填写商品基础信息、销售信息、图文描述、支付信息、物流信息、售后服务等各项属性信息后点击"提交宝贝信息"，商品就发布成功了。

（二）商品管理

打开"千牛卖家中心"左边导航栏的"宝贝管理"一栏，可看到商品管理内容。

单击"出售中的宝贝"，可以看到上架出售的产品列表，我们可以对这些产品进行删除、下架、编辑等各种管理内容。其中还可直接编辑商品标题、价格、一级类目、店铺分类等信息。

图6-12 发布宝贝

单击"仓库中的宝贝",可以看到已经编辑好信息,准备上架的产品。浏览者是无法在前台看到这些产品的,只有卖家在后台可以看得到,我们同样可以对这些产品进行编辑,然后可以单击"批量上架"或"批量定时上架"或"立即上架"等,这些产品即可有选择地展现在前台。

体检中心是"千牛卖家中心"的重要功能之一,通过它可以看到店铺产品的运营情况,有什么产品的价格或者标题需要优化以及店铺违规提醒消息等。

总之,网上开店容易,但怎么根据消费者群体的需要,为消费者群体服务,并且根据自己的优势和产品优势,使自己的店铺有特色、有个性、有流量、有订单,需要您不断地实践和学习,努力打造本地生活化!

团队实训

撰写网店创业策划书

【任务目标】

针对各团队的喜好与实际情况,结合充分的市场调查与分析,请你们为自己团队的网店选择好经营的产品种类,并选择网店运行平台的理由,最后提交详细的网店创业策划书。

【组织形式】

以4~8人为一个学习小组,每个小组为单位拟定一份网上开店创业策划书。

【主要内容】

1. 确定网店运营模式,给出选择的理由。

2. 选定一个网店产品种类,写出选择该产品的理由,并对现有网上和实体店中竞争对手的实际情况进行分析。

3. 确定网上开店的平台,比较不同网店平台的特点;将目前你所选定行业中同类型的网上店铺运营状况进行分析。

4. 选择网店产品的进货渠道;进行实地考察后,将不同进货渠道的优劣进行分析,并写成分析报告。

5. 形成一份完整的网上开店策划书。

6. 对你选择的网店产品所属行业发展趋势做一个简要分析,并给出理由。

团队负责人可对自己团队成员进行分工,然后制作成PPT,最后派小组代表上台演示并阐述。

表6-1 网店创业策划书评分表

评分内容	分数	评分
内容充实、详细	50	
态度认真，分工合作	20	
PPT制作图文结合，突出重点	20	
演讲表述清晰、流利	10	
总评		

任务二 实践网络服务

任务描述

随着晓明学习的不断深入，他发现网络可以解决我们日常学习和生活中的一些实际问题。互联网不仅可以满足人们的信息需求、交流需求、娱乐需求、办公需求，还可以满足人们的交易需求。随着全球越来越多的政府、企业、组织、个人加入网络，并使用网络的各种应用后，互联网对社会及文化发展的意义、价值和本质可能会提出新的理解。下面就让我们一起去探索电子商务的其他应用吧。

任务分解

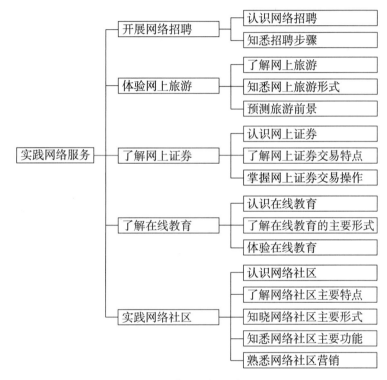

图6-13 实践网络服务框架图

活动一 开展网络招聘

闲暇时，晓明想看看现在各行各业招聘人才情况，于是登录百度网站搜索自己喜爱的企业，发现除了喜欢的企业自身的官方网站招聘栏目里有招聘信息外，还有前程无忧、智联招聘等。很多企业都热衷于网络招聘，那网络招聘有哪些优势呢？应该如何充分利用网络来招聘企业急需的员工呢？

一、认识网络招聘

（一）网络招聘的定义

网络招聘也称为电子招聘，是指企业通过网络技术手段在公司自己的网站或第三方招聘网站上发布招聘信息，以吸引人才或直接在招聘网站人才库中搜索求职者资料帮助企业完成人事招聘的过程。

网络招聘参与者：包括招聘企业、招聘网站和求职者招聘企业向招聘网站提供企业招聘信息；招聘网站作为信息中介平台，将许多招聘企业的大量招聘信息进行汇总、整理、分类后，发布在网站上；求职者通过浏览招聘网站获得招聘信息，再结合自身条件与招聘要求进行比较，选择目标应聘企业和职位，并将自己的求职信息发送给招聘企业。招聘企业通过筛选求职者信息，确定面试应聘人选，再进一步完成招聘计划。

（二）网络招聘的优势

网络招聘相对于传统招聘，网络招聘有招聘范围广、无区域和时间限制、高效、快捷、省时、省力、费用低等优点。

1. 覆盖面广

互联网的覆盖是以往任何媒介都无法比拟的，它的触角可以轻易地延伸到世界的每一个角落。网络招聘依托于互联网的这个特点，达到了传统招聘方式无法达到的效果。例如，2008年，澳大利亚昆士兰州旅游局面向全球招聘一名大堡礁护岛员，堪称经典招聘。这份号称"世界上最好的工作"吸引了全球各地的人参加，既有力地宣传了景点，又招聘到了最合适的人选。

2. 时效性强

网络招聘的双方通过交互式的网上登陆和查询完成信息的交流。这种方式与传统招聘方式不同，它不强求时间和空间上的绝对一致，方便了双方时间的选择。互联网本身不受时间、地域限制，也不受服务周期和发行渠道限制。它不仅可以迅速、快捷地传递信息，而且还可以瞬间更新信息。这种基于招聘双方主动性的网上交流，于无声无息之间完成了及时、迅捷的互动。

3. 成本低

网络招聘在节约费用上有很大的优势。对于毕业生来说，通过轻点鼠标即可完成个人简历的传递，原本一个月才能完成的信息整理、发布工作，现在可能只要半天就能够完成。这既节约了复印、打印费用，还省却了一番车马劳顿。对用人单位来讲，网络招聘不光成本低，还有可能带来无形的宣传和其他收益。

4. 针对性强

网络招聘是一个跨时空的互动过程，对供求双方而言都是主动行为，无论是用人单位还是个人，都能根据自己的条件在网上进行选择。这种积极的互动，减少了招聘和应聘过程中的盲目行为。目前，一些大型的人才招聘网站都提供了个性化服务，如快捷搜索方式、条件搜索引擎等，这进一步加强了网络招聘的针对性。

5. 筛选功能

目前，构成"网民"主体的是一个年轻、高学历、向往未来的群体。通过上网，招聘者就已经对应聘者的基本素质有了初步的了解，相当于已经对他们进行了一次小型的计算机和英文的测试，对应聘者做了一次初步筛选。

二、知悉招聘步骤

（一）提交招聘需求

部门经理根据部门现有人员配置、职位安排、职位职责等因素，确定招聘人员需求，将招聘职位名称、人数、职责、任职要求等招聘需求和职务说明提交给人力资源部门。

（二）招聘需求分析汇总

人力资源部门根据各部门经理提交的招聘需求和职务说明进行分析汇总，分析各部门现有人员配置与招聘需求的合理性。人力资源部门将汇总后的招聘需求和职务说明提交给总经理审核，如果审核未通过，则根据总经理的要求进行调整再审核，直到审核通过。

（三）制定招聘计划书

（1）确定招聘职位和人数。根据审核通过的招聘需求，确定招聘职位的名称和人数。

（2）确定招聘信息发布渠道。如智联招聘网站、前程无忧网站等。

（3）确定招聘时间。

（4）确定招聘用的公司简介。

（5）招聘职位描述。招聘职位描述包括招聘职位名称、人数、职位职责和任职要求等内容。

（6）招聘工作实施方案。确定招聘职位面试负责人，确定面试比例。面试比例就是招聘人数与面试人数的比例，即欲招聘一位需要面试几位应聘人员。

（7）招聘费用预算。

（四）发布招聘信息

发布新职位。登录招聘网站的企业用户版（以智联招聘为例），输入用户名和密码，进入公司招聘首页，如图6-14所示。点击"职位管理"中的"管理职位列表"，会显示正在发布中的职位。点击右上角的"发布新职位"进行职位添加，填写相应的职位名称、职位类型、招聘人数、工作职责、任职要求等信息，核对无误后点击确认，然后选择发布时间和截止时间，确认无误后点击发布。

图6-14　智联招聘企业版首页

调整职位信息。登录招聘网站的企业用户版（以智联招聘为例），输入用户名和密码，进入公司招聘首页。点击"职位管理"中的"管理职位列表"，会显示正在发布中的职位，参照"招聘计划书"对正在发布中的职位进行调整和修改。已招聘完的职位进行暂停或删除处理。欲修改的职位信息，点击相应的职位名称，之后点击"修改所有"，修改完毕确认无误后进行发布。

（五）获取招聘信息

每天登录招聘网站的企业用户版（以智联招聘为例），进入公司招聘首页。点击"职位管理"中的"管理职位列表"，进入正在发布中职位界面。全选所有发布中职位，点击"刷新选中职位"，对所有职位进行刷新。

（六）简历收集汇总

每天刷新简历后，进行简历收集。招聘网站的企业用户版（以智联招聘为例）首页，在"简历管理"栏显示应聘者投递简历的数量，点击每个职位后的应聘简历数值，进入简历列表，按照每个职位的任职要求初步筛选简历。将筛选后符合基本任职要求的简历进行打印，按照职位类型对简历进行分类汇总。

（七）简历筛选

部门经理筛选简历，将符合要求的简历交还给人力资源助理。人力资源部门根据各部门经理提交的应聘者简历确定面试人员。

（八）面试通知

人力资源部门集中电话通知面试人员，集中安排面试。面试时，每间隔30分钟安排一位面试人员。

1．电话通知面试人员标准用语

"您好！请问您是××吗？"

"我们是××人事部门。"

"您在智联招聘上给我公司××职位投递的简历已经通过公司的初步筛选，现通知您明天上午

9:30来参加面试。"

"具体地址您现在方便记吗?""——方便。""——不方便。"

"我稍后以短信（邮件）的形式发到你手机上（邮箱里），请注意查收。"

"请准时参加！再见！"

2. 邮件通知面试信息内容

您好！

感谢您给××公司投递简历，您已通过公司初审，具体面试通知如下：

面试时间：2019年×月×日（星期×）

面试地点：××

携带材料：个人简历一份

乘车路线：××

如有问题或者不能准时参加面试，请电话咨询：××××或者给我回复邮件。

（九）初试

人力资源助理将"面试人员表"交给前台，前台根据"面试人员表"确定来访者是否为面试人员。面试人员来公司，前台通知人力资源助理，由人力资源助理负责面试的全过程安排。

人力资源助理将面试人员领至会议室，让其填写"应聘人员履历表"。由人力资源助理对面试人员进行初步面试。首先，部门经理参照"应聘人员履历表"和个人简历对面试人员的基本情况进行初步了解。其次，观察面试人员的着装、气质、年龄、清洁度等，从而了解面试人员的形象、性格、对职位的重视度等基本信息。之后，与面试人员进行沟通，通过问面试人员一些问题，对其人生观、职业观、心理素质、个人修养、语言表达能力、逻辑思维能力、应变能力、自我认识能力等基本素质进行初步了解。

（十）复试

通过初步面试的面试人员进行复试，人力资源助理根据应聘职位的不同，将面试人员的"应聘人员履历表"和个人简历交给相应职位的面试负责人，进行复试。如果初步面试进行完，相应职位的面试负责人不在公司，那么电话联系面试负责人，面试负责人指定他人进行面试，或者再次安排应聘者面试时间。

（十一）录用

通过复试的面试人员暂定为拟聘用人员，各部门经理将拟聘用人员情况提交给人力资源部门、人力资源部门将拟聘用人员进行汇总，上报给总经理审核。总经理审核未通过者不予聘用，审核通过者最终确定为拟聘用人员。

◉ 活动二　体验网上旅游

网络时代真是发达，有网上聊天的，有网上开店的，有网上订票的。晓明的爷爷奶奶在农村待了一辈子，没有看过外面的世界。他看着奶奶经常看电视里播放的一些风光旅游片，眼里流露出向往和羡慕的眼神。您能让晓明的爷爷奶奶足不出户，就能看到各地的风土人情和祖国的大好河川吗？

一、了解网上旅游

如果不想在旅途中奔波劳累，随时随地利用电脑或手机来一次网上旅游，饱饱眼福，也是一件颇有意思的事，尤其当您浏览的是多媒体的网页、3D虚拟的仿真场景、摄像头在线直播的真实现场，丰富的多媒体应用、悦耳的音乐、实时的现场摄像头视频会让您如身临其境，其乐无穷。

随着社会经济的发展，人们的消费观念也在不断发生变化，当今举家外出旅游甚至出国旅游已不再是一件很稀奇的事了。不过在出游前，打开旅游目的地的网站或摄像头，了解一下目的地的景点、历史、美食、文化等，获取旅游方面的知识，有目的地准备我们的旅途，或在家中完成网上旅途。时下，网上旅游主要借助于虚拟技术，将旅游业的各景点、旅游服务部门、旅游相关企业同时整合在一个平台之上，各取所需，各获其利。

20世纪90年代中后期，威廉斯（Williams）和霍布森（Hobson）两人首次指出虚拟现实技术必然对旅游业产生影响，旅游业将步入一个新的信息时代，这个信息旅游时代，我们称之为"虚拟旅游时代"。学术界并未对"虚拟旅游"做出确切的定义。对于虚拟旅游普遍存在两种观点：一种观点是"虚拟旅游"完全基于虚拟现实技术，通过网络等手段，将旅游中的各个要素完全进行展示，根据游客的意愿自由选择游玩线路、速度以及视点等，领略沿途的风光美景；另一种观点则认为"虚拟旅游"是建立在现实旅游景观的基础上的，通过模拟或超越现实景观，构建一个虚拟旅游环境，使得参与虚拟旅游的旅游者能够如同身临其境般进行虚拟旅游活动。我比较倾向于第二种观点，"虚拟旅游"建立在现实旅游景观的基础上，通过模拟或超越现实景观等手段，构建一个能使旅游者欣赏旅游景观、体验旅游活动或进行虚拟互动旅游的虚拟旅游环境。

总之，网上旅游借助虚拟技术，将旅游业的各景点、旅游服务部门、旅游相关企业同时整合在一个平台之上，各取所需，各获所利。最大限度地作为游客与相关从业单位的桥梁，为旅游门户和旅游服务提供了一种更形象的宣传展现方式，也搭建了一个更先进的盈利平台。网上旅游满足了旅游者的需求，促进了旅游文化的传播，刺激了旅游产业的发展，极大地促进和带动了区域旅游产业和科技化旅游的飞速发展。

二、知悉网上旅游形式

根据临场参与感和交互方式的不同，网上旅游形式主要可分为以下三类。

（一）多媒体网上旅游

在计算机系统中，多媒体指组合两种或两种以上媒体的一种人机交互式信息交流和传播媒体。使用的媒体包括文字、图片、照片、声音、动画和影片，以及程序所提供的互动功能。所以多媒体网上旅游，诸如当地的景点、旅游电子商务平台都在不断开发虚拟旅游产品，旅游者不仅足不出户就可以实现一定景点的参观，还可以为其行前做游玩攻略提供最直观、最有效的帮助。北京景点虚拟游如图6-15所示。

图6-15　北京景点虚拟游

（二）3D虚拟网上旅游

3D虚拟网上旅游是建立在现实旅游景观基础上，利用3D虚拟现实技术，依托于3D虚拟旅游平台通过模拟或还原现实中的旅游景区，构建一个虚拟的3D立体旅游环境。网友可以通过个性化的3D虚拟化身，在三维立体的虚拟环境中遍览遥在万里之外的风光美景，形象逼真，细致生动。网友可以自拍、自传、分享全景照片，共同打造全景社区网络。另外，3D虚拟旅游是通过现代3D VR（Virtual Reality，虚拟现实）技术720度拍摄旅游景点，让游客犹如身临现实的景点场景中，来回"穿梭"。

如"全景客"即三维全景体验式旅游网，如图6-16所示。

图6-16　全景客网站

VR云，也叫云全景，是全景客虚拟旅游网基于其先进的技术和海量的全景资源，开发的一种嵌入式、可调用的全景资源，不管是旅行社还是旅游网站抑或是个人的博客，只要您登录了全景客虚拟旅游网，找到喜欢的全景，点击转载按钮，系统就会为您自动生成一段代码，您也可以自己设置全景的高度和宽度，然后把生成的代码复制后加入您网站的源代码中，保存刷新，您就可以身临其境地感受到了。

（三）摄像头网上旅游

利用互联网高清摄像头进行网上旅游，是供旅游者进行非实地旅游的一种互联网体验旅游方式和类型，它与此前采用的三维虚拟网上旅游体验方式不同。因为三维虚拟网上旅游体验方式，无论是采用三维虚拟实景类型还是三维虚拟虚景类型，毕竟都是通过三维虚拟技术所幻化出来的，或者是通过照片进行合成的。总之，旅游者所看到的景象并非真实的旅游地现场状况，所以，旅游者的实际体验效果差强人意，远不及通过互联网高清摄像头在线直播视频所看到的真实旅游地现场实况更为真实可信。所以利用互联网高清摄像头进行网上旅游都是一种不错的选择。

例如，直播旅游网——是云直播（北京）旅游网络科技有限公司技术支持运营的大型旅游类影视网络平台。直播旅游网简称直播旅游。直播旅游本着引导旅游产业、传播华夏文明、展示各地风光的初衷，以直播和点播的形式，向广大网民提供内容丰富、更新、更及时、简短、互动性强的网络直播旅游类服务，直播旅游也为全国各级旅游城市、旅游景区搭建了一个区别于传统媒体不停息的旅游播出港湾，第一时间向全世界传播节日盛况、旅游论坛、旅游推介、新闻发布会等。直播旅游是中国旅游的集散地，是旅游中国学习交流的大数据平台，如图6-17所示。

图6-17　直播旅游网

三、预测旅游前景

想要吸引更多的消费者，仅仅依靠高新科技是远远不够的，还需要有丰富的创造力，将世界上的景点都集中在一起，根据消费者的需求，设计出具有不同特色的虚拟旅游产品，进而达到吸引消费者的目的。

随着技术的提高和研究的深入，网络旅游会越来越接近实地旅游。游览者可以在虚拟旅游景观中感受鸟语花香、欣赏风光美景，并能与环境交流、与游客交谈。比起实地旅游，这样的虚拟旅游或许会多一分情趣，在未来旅游市场中的重要性是不言而喻的。这种个性化的旅游方式也是对完整旅游格局的一种重要补充方式，如旅行线路的设计、当地风俗的了解、提前在网上"探路"等，这些对今后真正出行游玩将有很大帮助。

虽然市场潜力大，但事实上，真正实现虚拟旅游的网站还没有很好地构建起来，国内的旅游网站对于虚拟旅游的理解仅仅是360度、720度环景全视，大多数也只是照片、视频和文字介绍的简单罗列，表现力差，趣味性不强。

活动三　了解网上证券

随着互联网的迅猛发展，电子商务也日新月异，其在各领域的应用也得以拓展和延伸。晓明经常打开收音机应用程序，都会有意无意听到今日股市大盘的相关走势分析，还有许多财经大咖的股市专辑。电子商务与证券业的有机结合，便是网上证券交易。电子商务环境下的证券交易以一种崭新的模型出现在人们面前，使得人们进行证券交易的时空缩短、国界消失。网上证券交易独有的诸多优势，使得其必将逐步取代传统的证券交易，从而成为全球金融证券业未来发展的必然趋势。晓明觉得投资理财也是人生中非常重要的一课，所以加强了解和学习也是十分必要的。

一、认识网上证券

证券是多种经济权益凭证的统称，也指专门的种类产品，是用来证明券票持有人享有的某种特定权益的法律凭证。

网上证券交易是指投资者利用互联网网络资源，获取证券的即时报价，分析市场行情，并通过互联网委托下单，实现实时交易。网上交易及其相关业务主要包括查询上市公司历史资料、查询证券公司提供的咨询信息、查询证券交易所公告、进行资金划转、网上实时委托下单、电子邮件委托下单、电子邮件对账单、公告板、电子讨论、双向交流等。目前，投资者可以使用电脑、手机等信息终端进行网上证券交易。

网上证券交易，是指投资者通过互联网来进行证券买卖的一种方式，网上证券交易系统一般都有提供实时行情、金融资讯、下单、查询成交回报、资金划转等一体化服务。

二、了解网上证券交易特点

传统证券经纪业务由于受到营业部地理位置、投资咨询手段、物质条件和人力资源的限制，只有根据客户的资金量、交易量的大小而提供不同层次的服务。随着互联网技术的发展和电子商务浪潮的兴起，网上证券交易正发挥着越来越大的作用，具体表现如下。

（一）交易跨越时空

网上交易打破了地域界限，交易可以跨时空进行。开放性是互联网的最大特点，一个国内投资者在世界上任何一个地方只要能上网，就能够进行交易。可以说，网上交易为广大普通投资者提供了一个获取信息和参与交易的平等的通道。而对于券商，只要拥有良好的资信和品牌，其客户不再受地域的局限。

（二）满足投资者获得资讯的要求

券商网站大容量信息和有深度的研究报告，满足了不同投资者对不同信息的需求。作为一般股评，比较容易受到散户投资者的欢迎，而对大中户投资者而言，这些信息已远远不能满足他们的要求，他们要求的不仅仅是公共资讯，而且是需要有深度的行业研究报告和上市公司研究报告等。而目前满足这些需求最快捷、最方便的方式就是上网。进入券商网站，从专业性的券商处将可以得到不同层次的信息需求。

（三）网上交易成本降低

由于网上交易包括了证券活动的方方面面，如信息传递、交易、清算、交割等，使投资者足不出户就可以办理所需事项，节省了投资者往返交易厅的时间，减少了各种费用支出。就券商而言，可以减少营业部的投资和成本，如对房租、电脑、装修和人员的有形投入，有关统计资料表明，一般营业部一次性投资在500万～2000万元人民币，日常营业部费用每月也在25万～80万元人民币；在支持同等客户的条件下，网上交易的投资是传统营业部的1/3～1/2，日常营运费用是传统营业部的1/5～1/4。另外，高速、便捷也是网上交易的另一特色。有关调研结果表明，在网上使用电脑自助下单，委托信息可于2秒内到达营业部，一般不存在占线、断线问题。

三、掌握网上证券交易操作

以同花顺炒股软件、华金证券开户为例，进行股票开户及股票交易。

（一）股票开户

打开浏览器，在地址栏中输入 www.huajinsc.cn/（访问日期：2019-8-16）进入华金证券首页，然后进行注册及开户，开户需完成手机验证、身份证上传、视频认证、三方存管（绑定银行卡，资金受第三方银行监管），开户成功后将获得交易账号，如图6-18所示。

（二）下载并安装交易软件

下载交易软件，打开浏览器进入百度搜索引擎，搜索栏中输入"同花顺财经"并点击搜索，找到该网址，点击"同花顺财经"进入该网站，下载并安装"同花顺炒股"软件。

（三）注册

安装完成后，打开软件并完成注册。

（四）登录

输入资金账户、密码及加密协议后完成登录。

图6-18 股票开户

（五）选择股票

选择股票，通过技术分析股票价格的历史走势，再通过其历史行情走势来预测和判断价格的未来变动方向。在进行技术分析时，应坚持由远及近的原则，即从长期趋势研究着手，分析月K线图和周K线图，然后再分析较短的时间周期内的K线图，如日K线图、分钟K线图等，这样既做到记清楚股票的大趋势，又能从市场细节中寻找有利的入市时机。

（六）完成委托下单

输入股票代码、买入价格及买入数量。其中买入价格为股票买入竞价，以"价格优先、时间优先"原则竞价成交。买入数量最少为1手（即100股），上海证券交易所开盘集合竞价时间为交易日的9:15—9:25，连续竞价时间为交易日的9:30—11:30、13:00—14:57，收盘集合竞价时间为14:57—15:00，并采取T+1交易结算制度。

活动四　了解在线教育

在"互联网+"时代，教育界限被完全打破，一种全新的教育模式——在线教育"横空出世"。它打破了时空、人数和地点的限制，等车、吃饭、休息的时候，人们都可以拿出手机、笔记本电脑等移动设备进入在线课堂，聆听名师授课。在网上课堂，为您授课的教师可能来自哈佛大学、斯坦福大学、北京大学、清华大学等顶尖学府。晓明想学习摄影技术，通过下面内容的学习，您能给他一些好的建议吗？

一、认识在线教育

（一）在线教育的概念

20世纪末，互联网传入中国，轰轰烈烈的中国互联网产业开始酝酿，新闻门户、社交、游戏、视频、外卖、出行等领域风生水起。教育是互联网渗透较慢的一个行业，但其实起步不晚，1996年以101网校为代表的第一批过程教育网站就已经开始出现了，只不过那时互联网技术本身不成熟，教育行业又具有非常强的顽固性，因此产品体验性很差。经过对产品和商业的漫长探索，直到2013年在线教育行业创投热潮开启，大量资金和人才涌入，在线教育才开始蓬勃发展，并于2017年借助"直播"形式实现了规模化变现。2018年，随着竞争格局初步形成以及国家政策的介入，整个行业迈向初步成熟阶段。

107

（二）在线教育的主要特点

在线教育是互联网技术与传统教育的结合。

1. 突破时空限制，知识获取方式更为灵活

在线学习可以做到随时随地，不受时间、空间、地点的限制。

2. 碎片化学习

学习时间、学习内容、学习结果被碎片化，碎片化的学习已经无处不在。尤其随着移动互联网的发展，移动设备的普及，这种现象日趋普遍。

3. 内容多样化

除了K12教育（指幼儿园到高中的基础教育）、高等教育外，还包括各类学前教育、职业教育、兴趣教育等。

4. 可重复性

在线学习可以反复学习，因此学员可以根据自己学习的需要，重听或重学部分内容，从而更好地掌握所学内容，并充分巩固学习效果。

5. 个性化学习

学员可以根据自己的时间安排学习进度，根据自己的需求、知识背景、个人喜好、学习风格来选择学习内容，有效增强了学习的针对性，从而提高个人的学习效率。

二、了解在线教育的主要形式

在线教育行业在20年的发展过程中，各类商业模式从无到有，逐步演化。目前，这一行业的商业模式主要有对C端用户的课时费、内容费、会员费、增值服务费等；对学校和教培机构的政府采购费、广告费、电商抽成费、系统授权费、加盟费等，如图6-19所示。

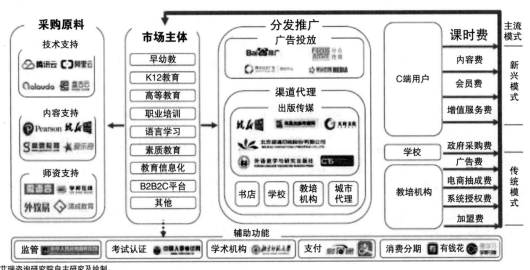

来源：艾瑞咨询研究院自主研究及绘制。
O2019.2 iResearch Inc.

图6-19 中国在线教育行业资金流向及商业模式

在线教育覆盖面广、形式多样，按照产业链分工，主要分为以下三类。

（一）内容提供商

目前我国的在线教育内容提供商主要提供教学资料（讲义、课件、音频、视频等）和辅助教学工具类产品。从内容上可进一步拆分为学习视频、教育工具和文档资料三部分，其中学习视频行业规模较大，教育工具行业发展速度相对较快。学习视频如北京四中网校、新东方在线、中国大学

MOOC（慕课）等。教育工具如猿题库、乐词（新东方出品）、宝宝巴士系列应用程序等。文档资料如百度文库、知乎等。

（二）平台提供商

目前，在线教育主要可归纳为"B2C""C2C"两种模式。

1．B2C模式

B2C模式是指教育机构直接面向消费者提供教育服务。B2C型在线教育网站依靠教育机构的教师团队建设、课程录制为用户提供教育内容，网站一般需要掌握优质的师资力量和高水平的课程制作能力。盈利模式为内容收费，代表网站有微课网（如图6-20所示）、虎课网、学而思网校、新东方网校、中华会计网校等。

图6-20　微课网

2．C2C模式

C2C模式是指个人为消费者提供教育服务，在线教育网站本身不生产内容，由用户自发上传内容，是教育课程提供商和用户之间的桥梁，呈现出电商形态和社区形态。代表网站有百度传课、淘宝教育（如图6-21所示）、腾讯微课堂、YY教育等。盈利模式有平台佣金、广告模式、销售佣金等。

图6-21　淘宝教育

（三）技术提供商

在线教育产业链中，除了提供内容、平台外还有一些为技术支持的企业，如华平股份为远程教育系统提供支持，立思辰、天喻信息在政府或学校搭建教育云平台等。该类技术提供商虽然本身不输出教育相关的内容，但其技术支持也是整套解决方案不可或缺的，而在大量项目实践过程中所积累的经验则成为其最大的优势。技术提供商根据在线教育的内容、规模为企业设计整套解决方案是其发展的核心要素。

三、体验在线教育

（一）新东方教育

新东方教育科技集团由1993年11月16日成立的北京新东方学校发展壮大而来，目前集团以外语培训和基础教育为核心，拥有短期培训系统、高等教育系统、基础教育系统、职业教育系统、教育研发系统、出国咨询系统、文化产业系统、科技产业系统等多个发展平台，是一家集教育培训、教育研发、图书杂志音像出版、出国留学服务、职业教育、在线教育、教育软件研发等于一体的大型综合性教育科技集团。作为新东方教育科技集团旗下专业的在线教育网站，新东方在线是国内首批专业在线教育网站之一。新东方在线有3000门课程共 6 大类，其主要是出国考试、国内考试、职业教育、英语学习、多种语言、K12教育。同时也提供教育内容套餐，面向高校、公共图书馆、电信运营商及在线视频供应商以及机构客户。数据显示，截至2018年 6 月，新东方在线网站个人注册用户已超1500万，移动学习用户已经超过5280万。付费学生人次截至2018年 2 月28日已达到了140万人。2017财年新东方在线实现营收4.47亿元，同比增长33.6%，净利润0.94亿元，同比增长212.8%。

（二）尚德机构

尚德机构官网是一家专注于学历教育、职业教育的互联网教育公司，尚德教育包含了自考本科、自考专科、高自考、专升本、财会、注册会计师（CPA）、注册管理会计师（CMA）、工商管理硕士（MBA）、人力资源师、教师资格证、证券基金从业资格证等业务，是中国成人在线教育市场上的领跑者。其主要涉及证书培训、学历培训，于2014年转型到在线教育市场。其中证书培训包括人力资源管理师证书、注册会计师证书、教师资格证书等；学历培训包括自考、成考、工商管理硕士。尚德机构主要涉足群体年龄在18～40岁之间，提供涵盖自考等18个专业相关课程，是国内首家成功赴美上市的在线大班课程成人教育机构。

（三）邢帅网络学院

邢帅网络学院是YY教育众多草根品牌中的一员。邢帅教育学院从Photoshop做起，现已开设平面设计、网页制作、影视后期、三维建筑、三维动画、电子商务等32门技能类课程。2010年，邢帅网络学院营业额只有100万元，2011年做到3000万元，2012年直接做到6000万元，2013年突破了 1 亿大关。

（四）宝宝巴士

宝宝巴士是一家专注于移动智能早教产品研发，以"兴趣启蒙小帮手"为口号，以蒙氏（蒙特梭利）教育为理论依据，以语言、健康、科学、社会、艺术五大领域为划分的具体依据，根据学龄前儿童不同年龄段的敏感期特点和学习重点来设计产品，构建出"年龄+能力"的多元产品体系的机构。它结合不同年龄阶段的早教重点，为孩子量身定制玩（应用程序）、视（TV动画）、听（儿歌）三方面的兴趣启蒙产品，通过寓教于乐的方式达到启蒙益智的目的。

（五）虎课网

虎课网成立于2016年11月，在2017年12月用户数量便突破了100万，经过 2 年的发展，目前已突破1000万。用户的快速增长离不开虎课网产品种类的多样化。自2016年成立以来，虎课网秉承着敬业与坚持的企业精神，历经 2 年的发展与积累，成功搭建了一个提供海量高清设计教学视频、辅以配套图文教程和正版素材源文件的网络教学平台，服务内容涵盖了Photoshop、AI（人工智能）、CAD

（计算机辅助设计）等52个基础设计软件学习，以及字体设计、摄影后期、商业插画、海外教程等20个设计分类，同时为用户提供周练练习、训练营、名师评改、直播课堂等定制化服务，力求满足用户不同阶段的学习需求，打造了从理论到职场全方位的服务体系。

还有如腾讯课堂（综合）、淘宝教育、101远程教育网、新浪公开课、网易公开课等都合适职业类培训或素质教育的提高。

活动五 实践网络社区

晓明自从买了新手机后，课余就迷上了手机摄影，玩摄影的大部分还是有个爱分享、爱被赞的心理。拍了照片去哪分享交流比较好呢？对于一般人来说，自己个人的空间，比如朋友圈、QQ空间、微博等，是最适合发表作品的地方。朋友看到，点个赞交流几句，便是最真实的。晓明想，如果能经常得到摄影爱好者的点评或者欣赏到摄影大咖的作品，何尝不是提高自己继续前行的动力呢？努力学习下面的知识，或许您就有了答案。

一、认识网络社区

1993年，霍厄德（Haward）提出，网络社区指一群主要借助由计算机网络彼此沟通的人们，有着某种程度的知识和信息，如同亲人般关怀彼此所形成的团体。网上社区与现实社区一样，包含了一定的场所、一定的人群、相应的组织、社区成员参与和一些相同的兴趣等特质。而最重要的一点是，网上社区与现实社区一样，提供各种交流信息的手段，如讨论、通信、聊天等，使社区居民得以互动。

所谓网络社区，就是一群拥有特别兴趣、喜好、经验的人，或是学有专精的专业人士，建构在虚拟的网络环境下，通过各种形式的电子网络以及电子邮件、新闻群组、聊天室或论坛等方式组成一个社区，让参与该社区的成员彼此之间都能借此进行沟通、交流、分享信息。

全球社交网络发展，用户规模在不断增加。2018年，全球约26.7亿人经常访问社交网络，占网民的69.8%，如图6-22所示。

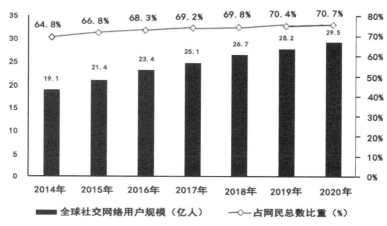

图6-22　全球社交网络行业用户规模及预测①

二、了解网络社区主要特点

在社会学研究中，社区的特点是有一定的地理区域、有一定数量的人口，居民之间有共同的意识和利益，有着较密切的社会交往。其一网络社区是一个空间单位（如博客、新浪等）；其二网络社区存在着一定的人群；其三网络社区内人与人、人与群体、群体与群体的互动，表现为合作、竞争、同化、冲突、适应等各种形式（如论坛、游戏等）；其四网络社区具有相应的组织对社区进行

① 数据来源：https://www.chyxx.com/industry/201902/714710.html，访问日期，2019-12-31。

管理（如版主、成员领袖、一般呼应者、积极呼应者、浏览者等）；其五网络社区的社区成员通过网络社区能相互沟通、共享信息；其六网络社区的社区成员通过网络社区来满足社区生活需要（如商城、生活资讯、分类信息、在线咨询等）；其七网络社区的社区成员有一定的归属感。总之，完善的功能和服务正如优良的社区，可以吸引更多的人群。

三、知晓网络社区主要形式

从全球范围看，伴随计算机的迅速普及和互联网技术的突飞猛进，网络社区经历了不同形态的演变与拓展——从最初的电子公告板（BBS，Bulletin Board System）、新闻组、电子邮件，延伸至公共论坛、在线游戏和电子商务，再拓展至各种贴吧、博客、微博等新媒体形态，网络社区的表现形式越来越多样。目前，无论是在国外还是在国内，网络社区尤其是其中的互动代表着网络应用的发展方向这一观点已经得到业内的广泛认同。

四、知悉网络社区主要功能

如图6-23所示，我们不难看出网络社区在网上向社会提供服务内容的特色凸显其在互联网世界中的服务形象。其主要功能如下。

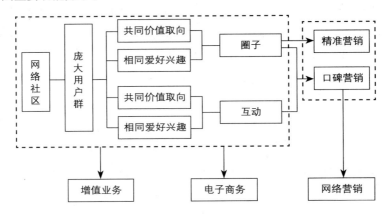

图6-23　网络社区和电子商务、网络营销的关系

（一）兴趣交流

大多数人都有特别热衷的事物，如装修、汽车、亲子、美食、教育、旅游等。很多早期的网络社区都是建立在共同兴趣上的，这些社区聚集了许多分散各地但对某一主题有共同兴趣或专长的人。

（二）提供幻想空间

将网络社区当作是另一个家，创造一个新的身份，编造一个新的故事，让访客运用想象力，一同参与规划社区的未来。

（三）商业交易

网络社区居民"交换"信息的行为，在广义上，也是为了满足"交易"需求。这种社区的访客多半是要买些什么东西的人，而在买之前，他希望能听听社区会员的意见。

（四）建立关系，寻求支持

这种社区是在现实生活中具有相同遭遇的人，互相倾诉安慰的地方，如财经、情感、时尚、校园、创业等，网络社区为这些同病相怜的人提供交换人生经验的场所、制造相遇相知的机会，使他们能够跨越时空限制，建立有意义的人际关系。

五、熟悉网络社区营销

根据是否需要结合线下开展营销，网络社区营销可分为两大类。

（一）结合UCG①的纯线上的社区化打造

无论是早期的论坛、博客、贴吧，还是现在的简书、知乎、豆瓣，再到当下最热闹的抖音、快手；无论是地方性的论坛，还是明星的粉丝贴吧，还是豆瓣的书影音评论，这些平台运营重在产生内容，由内容吸引内容消费者。所以社区产品的用户肯定是分层的，内容生产者少数而围观者众。无论是中心化编辑运营，还是推荐算法，都致力于信息高效、精准地分发，形成内容生产、消费的正循环。

（二）社区O2O电商模式

社区O2O（Online to Offline，从线上到线下）是指在社区场景发生并完成消费的O2O市场。此处社区场景指以社区及以之为核心周边距离3～5公里范围内，满足社区居住人群生活需求的商家构成的场景。社区O2O提供的服务以满足居住人群生活需求为主，消费形式包括到店服务及上门服务，行业涵盖餐饮、社区零售、洗衣服务、家政清洁、美容美发，以及社区观影及沐浴等休闲服务行业。

伴随着我国网民规模的不断攀升，互联网普及程度加深，网民的网购意识得到加强，网络消费习惯正逐步形成。尤其2013年以来，O2O创业项目的井喷式发展，涌现出大量新兴本地生活服务项目，一大批上门、到家等垂直服务O2O平台得到大量资本扶持，其中外卖和出行两大领域的资本补贴带动了其他项目的效仿跟进，一系列的资本运动极大地教育了整个O2O市场。2017年，我国社区O2O市场规模突破700亿元，达到783亿元，并将在未来保持增长，典型代表如阿里巴巴旗下的"盒马鲜生"等。

网络社区营销是网络营销主要营销手段之一，社区就是把具有共同兴趣的访问者集中到一个虚拟空间，达到成员相互沟通的目的，从而达到商品的营销效果。

总之，首先，网络社区是有目的的，有自己的价值观和文化属性。很多人以天涯人自居，他们在天涯能找到归属感，很少有人说我是腾讯人、我是新浪人。

其次，网络社区是有治理结构和治理方式的，就像一个城市一样。天涯有非常完善的站务体系，很多版主、管理员都是义工，他们用约定俗成的规则和方式治理社区。网络社区是有边界的，也是有文化与地域差异的。

最后，网络社区有信用、有交易、有表达，也有历史。

---

① UCG：《游戏机实用技术》（Ultra Console Game），是由国家新闻出版署批准出版的国内外公开发行的科普类期刊。

任务三　认识移动电子商务

随着移动电子商务呈现爆炸性发展的态势，人们的日常生活和消费习惯逐渐发生改变，从2009年开始，我国进入了全民媒体时代。一时间，在移动互联网中以微信公众号为代表的自媒体频道树立了新的品牌形象。这些自媒体带着浓厚的个人魅力，内容有趣有料，带动了相关的产品服务，我们看到了很多中小企业因此一炮而红，也看到很多草根一夜成名。小李的电商公司刚开始起步，正是开拓公司产品渠道的时候，希望可以通过公众号这个平台去拓展公司的业务和个人品牌形象，他应该怎样管理微信公众号呢？

■‖ 任务分解

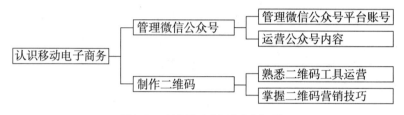

图6-24　认识移动电子商务框架图

◉ 活动一　管理微信公众号

小李知道公众号内容传播的重要性，立刻关注了同行的几个公众号，发现同行的公众号已经开始运作，甚至都已经装修绑定了微店铺，感觉自己运作太慢了。小李现在很头疼，不知道这个平台该如何申请，是否需要交纳费用，更不知道后台是如何运作的，更何况运营整个公众号呢？下面我们帮助小李通过三个方面解决现在的难题。

一、管理微信公众号平台账号

公众号后台功能都有它的作用，要熟知每个功能的用处。

（一）消息管理

消息管理是微信平台上使用最多的一个工具，也是企业营销最重要的一部分。当粉丝有问题，需要联系客服时，消息就会在这里出现。打开微信公众平台主页后，在"管理"中找到"消息管理"，如图6-25所示。

在页面中可以下拉菜单，查询"最近"日期消息。一般粉丝发来的消息，超过48小时信息未回复就无法回复了，只能再次等粉丝发来消息。

（二）用户管理

微信公众平台最重要的就是关注粉丝，这个功能就是对其用户进行管理，运营者会很方便并且能针对性地对用户实行不同的营销策略。

在微信公众平台上，点击"管理"后选择"用户管理"便可以查看用户界面，如图6-26所示。

进入"用户管理"界面后，可以看到"未分组""修改备注""新建分组"等菜单功能。"未分组"是指运营者还未对该用户进行分组；"修改备注"可以直接更改备注名，方便运营者去管理和分辨；"新建分组"直接让分组更加详细，运营者可以根据自己的规划去针对人群、地域、姓名等去分组，还可以根据兴趣爱好、活跃度来进行分组。用户如果被分组到"黑名单"，将无法再次收到公众号发送的任何文章和信息。同时，该客户发送的信息平台也不会收到。

图6-25 微信公众号平台"消息管理"页面

图6-26 微信公众号平台"用户管理"页面

（三）素材管理

运营者在微信公众平台上发送的素材全部保存在该功能里，同时也可以将编辑未发送的素材保存在该功能里，以便日后推送。素材管理可以管理图文信息、图片、语音、视频等素材，方便素材的编辑与删除等。

在微信公众平台上，点击"管理"后选择"素材管理"便可以查看用户界面，如图6-27所示。

在右上角可以进行"新建图文素材"，如图6-28所示。

图6-27 微信公众号平台"素材管理"页面

图6-28 微信公众号平台"新建图文素材"页面

二、运营公众号内容

（一）巧做公众号内容

微信公众号内容的设定是营销策略的基础，小李非常困惑怎样才能写好一篇原创的内容并且提高粉丝的黏合度，增加公众号粉丝的数量。

当运营者填写完成公众号的菜单栏和基础信息后，就已经对公众号有了大致的定位。其实在微信公众号平台上，菜单功能服务、商品销售以及其他个性菜单等，都属于内容的范畴。小李知道运营公众号是一个持久的过程，只有长久的运营才会有大量的粉丝来关注公众号，从而积累粉丝。

1. 了解粉丝需要阅读的内容

公众号阅读的特点，即碎片化阅读。智能手机已经普及，无论男女老少都在不间断地刷手机，等地铁、坐车、上班的路上都会用移动阅读设备。大部分人群都是用碎片化时间来阅读信息的，同时快速获取知识点。所以，微信公众号的自创文章也不能过长，内容上要言简意赅。

2. 关联性

"年糕妈妈"是一位专注儿童辅食育儿的资深人士，运营者开通了微信公众号，吸引了大量的家长来学习，同时得到了粉丝们的认可，"年糕妈妈"公众号发布的内容大部分是从她自己的亲身经历和痛点出发，辅以国外专业理论做支持，再结合中国家庭的育儿特色写出来的。

看了这些幼儿园的午餐，才知道我家孩子输在哪儿

每天花5分钟带宝宝做这件事，他比同龄人更聪明

糕妈60秒："儿童食品"也分真假，一分钟教你辨别

喂奶时别对孩子做这个动作，大人小孩都会"疼"！

故宫爆款又又又又又来啦！这一次竟然和宝宝有关

抖音上的网红玩具都很傻乎乎？不，这几样还是值得买的

😊更多好课　🎁优选商城　育儿百科

图6-29　"年糕妈妈"公众号内容界面

"糕妈优选"是"年糕妈妈"独推的一个销售平台。品类包含绘本、玩具、日用品、家居用品等几大类。货源上，团队通过和品牌商或者中国区总代理直接对接，但自身不设仓储，模式类似唯品会。团购的销售额超过百万，并成功得到资本市场的青睐，相继获得了天使投资和A轮的投资，如图6-29所示。

3. 趣味性

"喜马拉雅FM"公众号是有声的公众号，可以听有声小说、相声、评书、新闻、音乐、脱口秀、笑话段子、英语、儿歌、儿童故事等。运营者通过公众号内容推送，粉丝根据需求付费收听。大多数人已经成为低头族，移动设备已经成为工作之余放松娱乐的必需品，当眼睛疲劳或行走中不方便长时间看手机时，有声公众号满足了人们需求的同时增加了趣味性。

4. 互动性

微信公众平台如果没有互动性，这个平台即使有再多的粉丝，也是没有价值的，因为微信公众平台的质量不是由粉丝的数量来表现的，"僵尸粉"没有任何意义。有些平台粉丝不高，但是公众号目标人群对标，转发量、购买力及参与度很高，那么这个平台比有百万粉丝的平台更有价值。

（二）知悉公众号内容误区

绝大多数运营公众号建立之初，为了吸引粉丝，也不想花费大量的时间来运营，这时就转载一些和我们公众号定位相符的文章，久而久之就会失去了建立的初心。

1. 量多无质

有些公众号平台每天会定点给粉丝推送文章，但是忽视了文章的质量，没有质量的营销就是失败的。如果当天没有做好内容，宁可不推送也不要推送滥竽充数的文章。粉丝都是有辨别能力的，要主动分享有营养的文章。

2. 内容定位不确定

虽然每位运营者都给自己的平台定好了位，但所推送的内容却是杂乱无章的。有关生活、母婴、娱乐、游玩的都往自己公众号里面推送，虽然这些内容都非常吸引人，但如果你全发，就会很杂乱，从而变得不专业，粉丝都不知道这到底是一个什么样的平台，后期销售商品的时候肯定会缺少信用度，也会感觉平台的定位与产品不符。

3. 对自己产品没有深入了解

作为一位运营者，对自己产品的卖点、痛点都要非常熟悉。在每一篇产品内容营销上，运营者对产品的深入了解是基本的，在基本之上去规划销售文案应该如何去写，而不是盲目地直接去推销，可以结合产品的性能和最近热点，写出一篇高质量的文章，最终实现高质量的阅读量和销售量。

活动二　制作二维码

　　二维码在人们的生活中很常见，无论在商城、学校还是在农贸市场，无论你是中学生还是中年人都已经习惯用二维码扫码付款。出门可以不用钱包，一个手机就完全可以替代。小李的网店慢慢进入了轨道，实体店也在开拓中，二维码不会局限于线上和线下，而是能将两者巧妙地结合到一起，让企业在营销上展现出更具创意的一面。但是，个人和商店应该怎样运用二维码来达到营销目的呢？

一、熟悉二维码工具运营

（一）制作属于自己的二维码

　　二维码现在非常火爆，只需要扫描一个码，就可以进行很多操作，一句话、一张图片，又或者是一封情书等都可以藏在里面，那具体该如何制作二维码呢？首先应该在手机上搜索安装一个二维码生成的软件，如图6-30所示，找到一个类似功能的软件即可，一般都是可以进行制作的。

图6-30　手机端二维码生成器搜索界面

　　然后打开你的制作软件，弹出一个提示框，这里可以将文本、名片、网址、图片、视频、录音等信息制作成为二维码信息，只需要你选择相应的功能选项即可。

　　这里以"文本"为例，在图示相应的文本制作框中，输入你要制作的文本内容，然后点击下方的"创建二维码"，即可生成相应的二维码，如图6-31所示。

　　二维码生成界面如图6-32所示，保存相册，选择二维码海报如图6-33所示。

　　之后找一个具有扫码功能的软件，然后将你制作的二维码进行图片扫码，扫码结果和当初制作时候的内容完全一致，说明制作成功。

（二）二维码设计秘诀

　　色彩吸引法：二维码铺天盖地地涌来，大多数以黑白小方格的构造出现在人们眼前，在二维码创意上，企业要了解二维码还可以制作成彩色的，用色彩组合吸引人们的眼球。你在制作彩

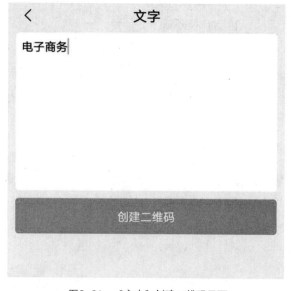

图6-31　"文本"创建二维码界面

色二维码时，最好可以了解色彩的搭配原理，通过对企业文化的了解，搭配设计出符合企业文化和最让人舒服的彩色二维码，切记不可以喧宾夺主，不要制作不符合色彩搭配的二维码，如图6-34所示。

图6-32　"文本"创建二维码界面

图6-33　二维码海报界面

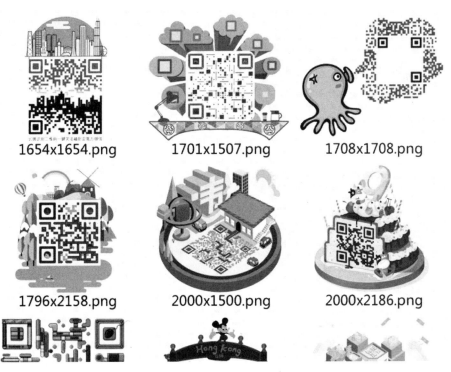

1654x1654.png　　1701x1507.png　　1708x1708.png

1796x2158.png　　2000x1500.png　　2000x2186.png

图6-34　"多色彩二维码"创意界面

中心替换法：信息传递更明确。在二维码的设计上，许多企业只是将二维码制作出来，二维码的图形并没有起到引导性的作用。点开当下最火的网站，可以看到当下那些最热门的帖子，可以采纳流行性词语，企业在设计二维码时用这些热门语言或素材，制作出独具创意的二维码。

二、掌握二维码营销技巧

小李已经制作好了属于自己的二维码，如果企业想通过二维码赢得市场，就要将二维码推广出去。可是，怎样才能吸引目标顾客来扫码呢？

（一）营造购物新体验

对于企业来讲，二维码能打开销售网络的新局势。随着二维码的流行，很多企业都给商品贴上了二维码，当人们走到地铁站、公交车站时，可以看到商品上的二维码，通过对商品二维码的推广，企业可获得可观利润。顾客在等地铁时可像逛实体店一样浏览所售的商品，然后使用手机扫描所选择商品并通过手机在网上进行结算。

（二）线上店家二维码，省时实用，一秒钟进入店内

使用二维码做营销推广，其目的是可以打破传统营销模式，让顾客购物更方便。在天猫店铺购买的顾客，店家为客户在外包装上贴上二维码。客户打开包装验证商品，同时也可以通过扫描包装上的二维码，直接进入店家选购；如果不需要继续购买也可以通过扫描二维码直接进入淘宝店，选择其他需要的商品。

（三）线上扫码预定，线下领取

如今，需要企业的电子票务改成了二维码。比如从网上订票后，企业发送到消费者手机上一个二维码，走到电影院取票处，通过二维码领取纸质影票。在购物时，线上店铺也开始了网上抢单，线下提货，商家增加了关联销售的同时也给客户带来了便利。2016年，优衣库一举成为天猫服饰类目冠军。然而，2017年的"双十一"，消费者却发现，优衣库天猫旗舰店的所有商品均已下架。优衣库天猫官方旗舰店的页面上一则活动规则公告，称目前官方旗舰店的"双十一"活动商品已经售罄，顾客如有需求，请前往优衣库实体门店选购精选优惠商品。在页面左下角还提示"欢迎莅临线下门店"的字样，如图6-35所示。

随后，2017年11月11日上午11时许，优衣库官方微博正式发布售罄及补货信息："感谢各位顾客对于优衣库的支持与厚爱，目前官方旗舰店的双十一活动商品已经售罄，顾客如有需求，请前往优衣库实体门店选购精选优惠商品。11月12日凌晨开始官方旗舰店将逐步补货上架并恢复正常营业。"

2018年，优衣库在"双十一"开始后2分53秒销售额破亿，是全品类最快破亿的品牌。然而，正当大家以为今年优衣库又要位列天猫服饰榜首的时候，缺货事件却在业界引发热议，让人很不解。有业内人士认为，作为一家严谨的日本企业，备货一般不会出现问题，更何况是全部缺货。这背后一定隐藏着什么内幕。网上甚至传出优衣库因为刷单被处罚的消息。事实与往年不同的是，优衣库在"双十一"前进行消费者调查后，决定主打新零售体验经济，打造"优智狂欢节，门店更精彩"活动。线上下单，线下门店24小时内便捷取货的服务。以线上线下部分精选商品同步优惠、门店自提和支付宝买单惊喜等多重门店活动，让顾客感受到创新服务再升级。

对消费者而言，物流是大问题，选择线下提货是

图6-35 优衣库线上官方旗舰店的"双十一"活动

自发的，优衣库只是提供选择并未强制，当然对品牌而言，节约了物流成本。

线上扫码付款至少在消费者看来，线上线下同价、线上下单、线下取货的体验很好。尤其是今年提出来的门店取货，进一步带动了线下的客流。

团队实训

策划微信公众号粉丝互动方案

【任务目标】

微信公众号的运营，核心是内容，重点是互动。内容是为了吸引用户、留住用户，互动是为了增加与用户的感情，让用户变成粉丝。如何运营内容模块，使现有粉丝拓展新目标粉丝人群，从而合理有效提高互动性。

【组织形式】

以4~8人为一个小组，团队组长合理分工完成主要内容，共同策划编写粉丝互动方案。

【主要内容】

1. 留住现有粉丝、拓展新粉丝的方法有哪些？（不低于5种）

例：好的内容是服务粉丝的，那么除了文章内容外，平台上的其他内容最好也是服务粉丝的，这样才能将粉丝留在平台上，那么也会自然传播带来新粉丝的加入。

2. 微信公众号内容板块粉丝互动的方法有哪些？内容活动类型不限，公众号中加入互动栏目、公众号内容评论互动等。（不低于5种）

例：互动栏目，在策划公众号时，直接策划一些带有互动性质的栏目。比如菜单栏公众号就有"企业招聘""人才求职"这样的栏目，这些栏目都是与用户互动的栏目，用户如果有招聘或求职需求，可以发过来，你在公众号中免费帮他们发布。这样会大大增强粉丝对你的好感，粉丝黏合度自然大增。

3. 完成整个策划微信公众号粉丝互动的方案，以上两条主要内容为基础完成整个互动方案。其中包括每种方法粉丝互动的目的和预期带来的不同效果的预估等。

【完成形式】

每组团队完成方案后，团队将方案制作成PPT，最后派小组代表上台演示并阐述。

评分内容	分数	评分
内容完成	20	
条理清晰	20	
态度认真，分工合作	20	
PPT方案制作，排版美观	20	
演讲表达清晰，流畅	20	
总评		

任务四　知悉跨境与农村电子商务

　　小李发现跨境电子商务和农村电子商务是电子商务发展的两大热点，这个趋势必定是电子商务发展的重要突破，但是农村电子商务和跨境电子商务具体该如何去规划，怎样才能打开农村和跨境电子商务的突破口，把产品推广出去呢？

||| 任务分解

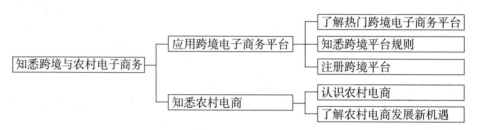

图6-36　知悉跨境与农村电子商务框架图

🎞 **活动一　应用跨境电子商务平台**

　　小李通过网络和图书了解到跨境电子商务成熟的商务平台有不同的优势及区别，作为产品应该如何选择合适的平台是一个问题。下面我们一起来了解热门跨境电子商务平台的特点。

一、了解热门跨境电子商务平台

　　在跨境电商领域，国内出口企业通过互联网平台向境外零售商品，主要以快递、邮寄的方式配送。平台的选择具体有哪些热门，各有什么优势呢？

（一）全球速卖通

　　阿里巴巴旗下的全球速卖通是面向全球市场打造的跨境电商在线交易平台，俗称"国际版淘宝"。全球速卖通首页界面如图6-37所示。速卖通覆盖服装、家居、饰品等一级行业类目。它最大的特点是"价格为王"，一方面是指价格便宜，另一方面也指卖家必须有价格优势才能脱颖而出。

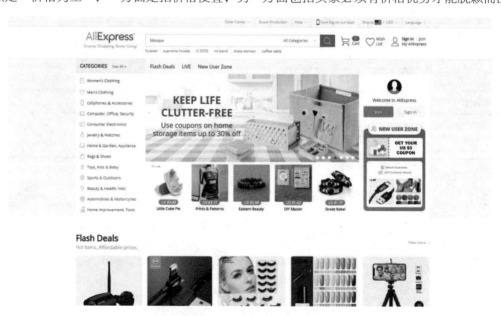

图6-37　全球速卖通首页界面

目前全球速卖通是我国国内跨境电商首选平台，也是全球第三大英文在线购物平台，可免费注册、免费发布商品，但卖家需要按经营大类交纳年费，订单成交后，需要按每年类目销售额的佣金比例支付佣金。另外，卖家通过国际支付宝提现时，需要支付一笔相应的手续费。

（二）亚马逊

一提起亚马逊，许多人脑海中马上会跳出"网上书店"四个字。确实，它最初的定位正是网络书店和网上销售音像制品，但1997年转型成了综合网络零售商。亚马逊在推广跨境电商时，采取的方式是收购或自建本土化网站进入国外市场；同时，在世界各地推出全球开店业务，目标直指全球范围内的采购和销售。

在全球范围内，亚马逊是对卖家要求最高的跨境电商平台。它不仅要求卖家的商品质量必须有优势，而且还必须有品牌才行。对于新注册账户来说，亚马逊对其要求也非常高，如果无法提供合理的开店信息，注册就可能通不过。为了鼓励买家自主购物，亚马逊还要求卖家必须提供非常详细、准确的商品详情和图片，把买家对平台客服的依赖降到最低。

亚马逊支持货到付款方式，并且拥有自己的付费会员群体。这些会员每年只要支付少额会员费，就能享受特殊服务，如免运费、在亚马逊观影、借阅等服务。

亚马逊平台共分为三大板块，即北美平台，主要针对美国、加拿大；欧洲平台，主要针对英国、德国、法国、西班牙；亚洲平台，主要针对中国、日本。了解这一点对我们来说很重要，因为如果我们想上亚马逊平台开展跨境电商，就可以有针对性地选择不同板块的不同平台，不用四处出击，也不至于选错了地方。亚马逊首页界面如图6-38所示。

（三）eBay

eBay对卖家要求十分严格，除了交易双方在开户时必须绑定PayPal账户之外，还必须保证商品质量高、价格有优势，即做到真正的"物美价廉"。

卖家通过两种方式在该网站上销售商品：一是拍卖；二是一口价。网站会根据这两种方式向卖家收取不同佣金，佣金基本上由两部分组成：一是版面刊登费（广告费）；二是成交佣金。例如，卖家如何通过拍卖方式成交业务，平台会对每笔拍卖收取不等的刊登费，然后再按交易额收取一笔不等的成交费。值得注意的是，并不是所有商品都适合采用拍卖的方式来销售，适合以拍卖方式销售的商品主要有以下几类：有鲜明特点，并且有市场需求，库存少；偶尔销售，而不是常年销售；销售价格难以确定，常常需要由市场来决定最终价格。除此之外，eBay还有一大特点，即二手货交易

图6-38 亚马逊首页界面

占有相当大的比重。eBay首页界面如图6-39所示。

图6-39 eBay首页界面

二、知悉跨境平台规则

（一）放款

1. 放款规则

卖家从事跨境电商必须要先选择相关平台，并在该平台上完成注册，实名认证，上传产品等。卖家在熟知平台的同时，更应提前遵守了解该平台的规则，以全球速卖通为例。全球速卖通上的放款，是指平台及关联企业依据相关协议及规则，根据卖家指令、风险因素及其他具体情况，把货款划至卖家账户的行为。

（一般放款规则）由于全球速卖通订单采用的是担保交易方式，所以平台要求在确保买家确认收货和物流妥投双重条件的基础上给卖家放款。也就是说，全球速卖通上的一般放款规则必须具备这两项前提条件。平台会对此进行系统审核和人工物流审核，确保只有符合这两项条件，平台才会把货款打入卖家账户。如果平台判断订单存在纠纷或欺诈行为，则有权延迟放款。

（特殊放款规则）在一般放款规则的基础上，如果订单的物流信息没有妥投记录，那么该订单的款项将会从买家付款成功那天开始算起，被平台暂时冻结180天。卖家如果要尽早获取平台放款，就必须遵守特殊放款规则。卖家可以在遵守特殊放款规则的同时，免费争取平台尽早放款，但前提是卖家的各类经营指标必须达到全球速卖通规定的风险控制综合要求。也就是说，只有让平台觉得提前放款给你没什么风险，它才会这么做。

2. 放款时间

全球速卖通上的放款时间长短，会依据卖家好评率、拒付率、退款率等综合因素进行评估，一般分为以下几种情况。一是在发货后的一定期限内放款，最快是发货3天之后。二是在卖家保护期结束后放款。三是卖家账号关闭，但不存在任何违规行为，这时会不定期推迟放款时间。四是平台认定订单存在纠纷或拒付、欺诈等风险，这时会不定期推迟放款时间。

按照相关规则，卖家只要完成交易即可申请放款，提交"申请放款"后，平台将会在1～3个工作日内审核卖家上传的妥投证明。如果通过，会立即放款；如未通过，就表示放款不成功，但卖家仍然可以重新上传妥投证明。值得注意的是，一定要上传有效的物流妥投证明。如果多次上传无效证明，平台有可能会取消该卖家的申请放款功能，并对其进行处罚。

（二）收款

平台的卖家通常会选择平台推荐的相关收款方式，独立站的卖家则各显神通，各种收款方式都有可能使用。如对于在亚马逊上开店的卖家来说，他们都需要在店铺后台绑定一个收款账户来接收资金，亚马逊平台每隔15天便会将货款打到卖家的收款账户上面，这个收款账号需要是境外的账户，如果没有境外账户，就需要通过第三方收款平台。主要有以下几种方式。

1. 官方收款

虽然亚马逊推出官方收款晚了一点，但现在支付行业发展已经非常成熟，服务已远不止于收款。从当前来看，无论是从时效上还是费率上，亚马逊官方收款实际上是提供标准化产品给新手卖家快速入驻，长远的发展还要在高性价比的增值服务方面去满足卖家需求。

2. PayPal

目前PayPal为全球最大在线支付提供商，隶属于美国eBay旗下的一款产品，全球用户已超过2亿；注册方便；安全性较高；针对有国际收款、付款需求的企业和个人；在美国以及欧洲部分发达国家比较流行；有信用卡属性；采取会员分级的机构，等级越高，利益保障越牢靠。支持所有站点收款，不过实行买家保护方针，买家有任何争议，卖家都会拿不到钱，账户存在纠纷会导致永久性关闭，并且它要收取收款和提现两个环节的费用。

3. World First

World First（万里汇）是一家老牌的英国收款服务商，目前费率为 1 %，他们在香港有分公司，提供中文服务，目前支持英镑、欧元、美元、加元、澳元、新西兰元及日元收款账户，如果有汇损问题，汇损为 1 %。

4. Payoneer

Payoneer是最元老级别的一个服务商，基本上亚马逊早期的卖家都在使用这个，也就是大家熟知的P卡，综合费率为1.2%，累计流水未满20万美元有入账费，提现到账时间较慢，一般为 1 ~ 3 个工作日。

5. 天秤星

天秤星收款是为中国跨境电商量身打造的跨境资金管理平台，支持亚马逊北美、欧洲、日本站点收款；费率0.7%封顶，无汇损问题，提现T+0到账，支持电脑端收款和手机应用程序收款。相比于其他的收款方式，优势在于它除了是一个跨境收款平台，也是国内第一款跨境电商卖家工具应用程序，除了提供收款功能之外，也提供亚马逊卖家服务，为卖家解决智能索评、关键字分析、选品分析、真实邮箱获取、评价管理、索赔等问题，助力卖家简单盈利。

三、注册跨境平台

（一）账号注册

注册账号的目的是为卖家在该平台上进行跨境电商交易开的账户。以全球速卖通为例，我们先登录全球速卖通网站https://sell.aliexpress.com（访问日期：2019-8-27），进入到界面后点击右上角"立即入驻"，如图6-40所示。

点击后，进入到"注册界面"完成信息填写，如图6-41、图6-42所示。

如图6-43所示，账号注册已经完成。我们以后就可以使用该账号登录阿里巴巴集团下的各平台，除了全球速卖通之外，还有阿里巴巴国际站、阿里巴巴中文站、淘宝网、天猫网、阿里云等。

卖家在全球速卖通发布商品销售之前，需要进行实名认证。该认证信息将会作为创立该店铺的唯一凭证。实名认证有如图6-44所示两种方式。

图6-40　全球速卖通官网首页界面

图6-41　速卖通邮箱注册界面

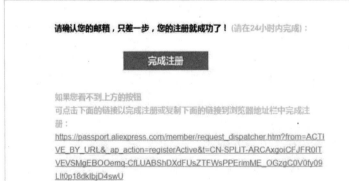

图6-42　速卖通注册验证邮箱界面

图6-43　速卖通已经完成账号注册界面

图6-44　速卖通官已完成账号注册"实名认证"界面

（二）开店考试

为了能够让新手尽快熟悉全球速卖通及操作流程，平台专门设置了一场"开店考试"。考试合格（满分100分，及格线90分）才能真正完成注册，然后登录平台后台进行实际操作，如发布和管理商品。考试内容主要是针对全球速卖通及操作平台的基础知识，包括如何发布商品、如何了解国际物流、如何在全球速卖通上做营销、如何通过数据了解提升店铺和平台规则共五大模块。

（三）产品管理

1. 经营范围

每个速卖通账号只准选取一个经营范围经营。年费按照经营大类收取，入驻不同经营大类需分别缴纳年费。同一经营大类下，年费只缴纳一份。每个经营大类分设几个主营类目，每次可申请一个主营类目，若要经营一个经营大类下的多个主营类目，可分多次申请。对于特殊类目不单独开放招商，而采取随附准入制度，即只要卖家获准加入任一经营大类，即可获得特殊类的商品经营权限。

2. 商品状态

商品状态一共分为五种，分别是"审核中""审核不通过""已下架""正在销售""草稿箱"。任何商品一经发布便只有这五种状态。所要注意的是，"草稿箱"中的信息存放数量最多为20条，若超出20条则需要手工删除；"草稿箱"中的产品描述图片存放时间为15天，超过时间平台会自动删除。当卖家发布的商品信息提交成功后，平台工作人员通常会在1个工作日内对卖家发布的商品信息进行审核。卖家可以通过"产品管理"—"管理产品"页面，在"正在销售"状态下查看和编辑已经通过审核的商品，并了解商品状态。

3. 橱窗推荐

橱窗推荐是全球速卖通给卖家的一种免费奖励。如果你的商品能够进入橱窗推荐，曝光量一般会提高10倍以上。如果有这样的机会一定要争取。那么，怎样才能获得这样的机会呢？主要有以下两条途径。

（1）提升卖家服务等级

等级越高的卖家，获得橱窗推荐的机会越多。登录"我的速卖通"—"店铺动态中心"—"可有资源"页面，卖家可以查看还可使用的橱窗推荐数，根据全球速卖通规则，卖家服务等级与橱窗推荐数的对应关系如表6-2所示。

表6-2　卖家服务等级与橱窗推荐数的对应关系

卖家服务等级	优秀	良好	及格	不及格
橱窗推荐数	3个	1个	无	无

（2）踊跃参加平台活动

卖家可以参加全球速卖通活动，以获得橱窗推荐的机会，具体可关注卖家频道首页公告。卖家可以登录"我的速卖通"—"产品管理"—"管理产品"—"正在销售"页面。

4. 运费模板

运费模板是为跨境物流计算运费服务的，该计算过程非常复杂，但如果能按照下面的步骤进行设置和管理，则会化繁为简。设置运费模板时，我们先登录"产品管理"—"运费模板"—"管理运费模板"页面进行设置。在页面中新增运费模板有两种方式：一种是自定义运费模板；另一种是标准运费模板。点击"新增运费模板"按钮，我们先输入运费模板名称，同时设置发货地址，同时还要填写货物运达时间和折扣。对于自定义运费模板设置，其主要针对某种物理方式进行个性化设置，如针对部分国家设置标准运费、对其他一些国家设置免运费等。我们登录"运费模板设置"—"自定义运费"页面，勾选自己准备采用的物流方式（可多选）。需要注意的是选择运费组合包括哪些地区和国家，因为是自定义运费设置，所以其中的政策可以不同，以充分体现自己的倾向性。例如，如果卖家的商品主要销往美国，那么可以把送达美国的运费标准设置成对美国买家有吸引力的水平，如买家免运费、运费由卖家承担等，其他国家和地区也同样适用。

接下来，我们就该设置发货及运费类型了。运费类型一共有三种，分别为：标准运费，可在下面注明减免折扣；自定义运费，也叫非标准运费，可以由卖家自己设定；卖家承担运费，也叫免运费或零运费。在这其中，比较特殊的是自定义设置运费标准，它只能从按种类或按数量中选择一种设置。

以按数量设置运费标准为例，我们要先计算出首重采购量的范围是从一件至几件，然后每增加多少件续加运费多少，以便于买家计算运费标准。对于一些不具备物流运费条件的国家，卖家可以设置"不发货"来加以屏蔽。

活动二　知悉农村电商

小李深知农产品市场缺乏，自己老家属于偏远地区，农产品居多，东西出不来，外面买不到。他深知互联网可以把产品带出去，还能带领全村脱贫，但是他对国家的扶持政策不了解，不知道具体应该怎么做。

一、认识农村电商

（一）了解农村电商

简单地说就是在农村做电商，包括"农村买""农村卖"。在农村电商迅速发展的今天，农村电商概念也逐步扩大成为县域电商、县域经济。农村电商已经不再简单地是一个农产品买卖的问题，谈论农村电商，我们就必须弄清楚以下几个问题。为什么要做农村电商？有哪些事情可以做农村电商？具体怎么做农村电商？

对于农村买、农村卖、农村网络、阿里巴巴村淘等项目的农村代购点，京东平台的京东帮代购点，以及配套的比如农村物流中的村级快递配送等话题。这些农村卖的话题，把本地的或附近的产品卖到外地甚至国外，并从中赚取利润，甚至培养出优秀的地区性的电商企业。如此，既能享受农村和县域较低的生活及配套成本，又能结合当地文化特色做差异化零售，还可以利用话题宣传当地区域产品的优势，赚取更大的流量。

（二）知悉农村电商的上行与下行

简单理解"上"和"下"的时候，通常把网络作为上，农村实地作为下，这样就很容易错误理解电商行业的线上与线下的概念。上行，也很容易被称为"农产品上网"，但实际上，一个完整的上行，是指产品被售出和完成整个销售确认和评价的过程。下行，是指商品从网上被购买，通过配送链到达农村消费者手中的过程。在农村电商的上行里，输出的商品以农副产品为主要品类，这也是为什么市场普遍将农村电商的上行称为农业电商。我们在各大电商平台看到过很多系列场景，如在"特产电商"场景中，首先要有的是特产，也就是农副产品，各地都有特色农副产品，也有引以为豪的特产。而一种特产要变成"特产电商"市场上的宠儿，需要做一些基本的准备工作，如图6-45所示。

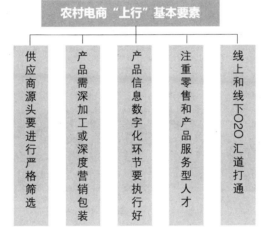

图6-45　农村电商"上行"基本要素

对于下行，简单说是农村消费者网购，看起来只是一件花钱"买买买"的事情。但是真的这么简单，只要点点手指花钱买东西就可以了吗？从我们多年接触电商卖家的经验来看，优秀的卖家，尤其是草根创业起步的卖家，必备的素质是深刻理解消费者的心理和行为模式。而了解这种知识，最直接的方法就是"买买买"，也就是自己先成为一个网购用户，自己切身体会之后，然后再代入角色，转换到卖家的角度去思考，这也是所谓"电商大牛"和"技术小白"之间最本质的一个差异。

（三）农村电商的发展

农村电商在国内电商业界其实早已有之，在以淘宝和天猫为代表的C2C和B2C起步阶段，就有大量卖家尝试在线销售国内知名的特产。到2009年前后，随着快递时效性的提升和包装技术的完善，以蜂蜜为代表的养生类食品和滋补品在线上销售兴起。逐渐地，全国围绕特产形成了一些地方特色的电商聚集地，很多地方形成了事实上的"淘宝村"现象。全国范围内巨大的消费市场，拉动了一个特产村镇，在这个阶段，方便运输、适合零食、线上线下存在的差价空间三大因素是初期特产电商爆发的重要原因。

案例解析

浙江省临安区特产山核桃，在临安主推山核桃之前，已经小有名气。山核桃具有抗压能力强、耐保存、方便运输等特点，敏锐的浙江人抓住山核桃这个特点在网上把山核桃打造成了爆款，一举推红了临安山核桃和临安馆，也推动了白牛村的发展，白牛村被称为"中国农村电商第一村"和"坚果淘宝第一村"。白牛村依托周边农产品丰富的特点，抓住城乡结合发展、电商普及的机遇，主要经营当地坚果类炒货、笋干及茶叶等临安土特产。临安当地一批诸如"新农哥""谷的福"等知名网络品牌异军突起，在市场上取得了耀眼的成绩。白牛村全村500余户人家，注册网店超过50家，2014年全村网上销售额突破了2亿元。值得一提的是，这些网店都是农户自己开设的，刚开始就是销售自己的产品，自学搜索如何运营，逐渐形成了行业规模，不仅带动全村农产品的销售，还解决部分人员的劳动就业问题，如图6-46所示。

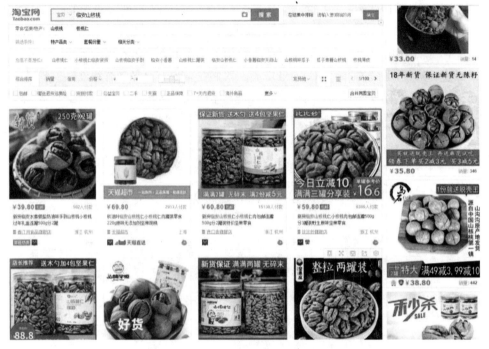

图6-46　临安山核桃淘宝搜索页面

全国很多村镇电商商家的销售都在这个时期快速上升，当销售额突破日出百单后，大部分商家都在各个环节暴露出问题来，网购消费者大多数都是30岁左右的年轻人，他们会为父母代购一些农特色产品，他们对于产品本身不具备判断经验，但是他们对于产品本身营销包装、服务品质、售后关系维护等更为关心。这类消费者的消费倾向，在这一个标准化产品丰富的时代里已经被养成。特产草根式的发展就遭遇了第一拨的营销水平挑战。

（四）农村电商发展中的挑战

1. 产品供应链方面的挑战

聚焦农村电商上行来看，农村电商在初期阶段的竞争是政策和基础设施，中期阶段的竞争是运营能力和人才，到成熟阶段，竞争焦点是供应链。品质很容易理解，可以从货源的品质把控，严控从生产商的生产质检，到最终的仓储、发货过程所有消费者接触点的品质。在初期订单量不大，到出现销售量瞬时暴涨，参加平台活动，单日订单量超过3~4周订单总数，这时，库存水平会瞬间缺乏。而平台往往对发货速度有要求，导致店铺总体评分过低，以及会有投诉产生，后果不堪设想，基于供应链要求"快"并保证质量的同时发现了重要问题——"产能"。

2. 农产品标准化的挑战

在农村电商上行，第一个困难环节就在这里，如果特产不能标准化，则不能代表一个地区的特产。如果在消费者端，某地特产在网络上呈现各种风格，从营销、包装、产品形态都不同，就很难形成这个地区特产的凝聚力。

3. 农村电商三段物流的挑战

在产品本身尽可能形成标准，形成爆款之后，电商还需要关注包装方式的优化，除了产品自身的包装，电商还存在快递包装的优化，以及快递包裹中服务类附件的优化。特产对包装有特定的要求，目前在工业类供应网站上，都可以找到为电商定制包装的供应商。农村电商的特殊性，要求商家在包装优化时，要考虑到较城市电商更有难度的农村电商三段，第一段是省际、市际干线物流，第二段是从市到县或村，第三段是从村到末端的消费者手中。无论农产品上行，还是工业商品下行，农村物流的第一段和最后一段都是目前难以解决的问题，农村居民居住分散，快递单个取件和送件的成本都很高，这就意味着农村居民无法像城市居民一样享受电商送货快捷的服务。除了末端配送问题，生鲜农产品干线物流也存在存储的问题。不同的生鲜农产品对存储和运输的条件都不一样，有需要冷冻、需要冷藏、需要防挤压、需要通风的限制条件。路途遥远，周折较多，这些问题都是包装优化需要考虑到的。

二、了解农村电商发展新机遇

（一）政策机遇

《中共中央 国务院关于深入推进农业供给侧结构性改革加快培育农业农村发展新动能的若干意见》一号文件，首次将推进农村电商发展单独列为一条，进一步加强对农村电商的部署工作，其中首次提出鼓励地方规范发展电商产业园，更加重视农产品上行、线上线下融合发展，农村电商物流及农村电商生态等一系列问题，为农村电商的发展指明了方向。农村电商作为县域经济发展的一个重要抓手，它不仅拓展了农产品原有的销售流通渠道，也促进农业生产向规模化、标准化、品牌化方向发展。

过去的几年，由于软硬基础设施跟不上，农村电商发展的动力主要还是依赖市场的自发性，而各地方也正基于这几年的积极实践，让政府参与调研有了足够的范例，积累了丰富的经验，出台政策和文件的时机愈发成熟。

▌▌▌案例解析[①]

全国"脱贫楷模"李娟网络直播"吆喝"砀山梨，在阿里巴巴集团举办母亲节公益特别行动，来自全国6个省的6位"魔豆妈妈"通过网络直播，讲述了自己自强不息、战胜困难、脱贫致富的传奇故事，传播爱的正能量。砀山县唐寨镇唐寨村的李娟通过阿里巴巴淘宝直播官方频道在自己家里进行了一个小时的现场直播，"吆喝"砀山酥梨等水果，吸引100多万网民"围观"。与此同时，江苏卫视著名节目主持人、金话筒奖获得者赵丹军等人也专程赶来采访。

安徽省砀山县唐寨镇唐寨村村民李娟，专门利用电商平台销售砀山生产的农产品。李娟在网上介绍自己面前的农产品："看，这是黄亮美观、甘甜酥脆的砀山大酥梨，那是由砀山梨熬制的梨膏糖，还有刚刚采摘的油桃，以及风味独特的黄桃罐头，这些都是原汁原味的天然绿色产品……"

李娟同时向网民分享了她自强不息、战胜困难、脱贫致富的故事。李娟因患脊髓空洞症，全身只有脖子以上部位能够有限活动。几近"植物人"的她，硬是用嘴咬着触控笔，在手机上一字一字地输入，艰难地进行微商销售，短短一年时间便卖出去3万公斤水果，不仅帮助家里解决了燃眉之急，成为父母眼中的骄傲，而且帮助亲戚邻居销售水果，成为远近闻名的"励志网红"。

"通过电商销售农产品，我看到了生活的希望，明白了活着的意义。"李娟说，"我有一张嘴和一双眼睛，同样可以赚钱孝敬父母。我非常感谢爸妈，是他们不离不弃，一直照顾我。我家里承包了10多亩果园，农忙时，爸妈骑着电动三轮车，把我带到自家果园地头。他们在地里干农活，我

① 引用来源：http://www.zgfxnews.com/gz/content/2018-05/16/content_205771.htm，访问日期，2020-01-03。

就躺在车厢内，妈妈每隔一会儿还会跑回地头看看我。看着他们为我辛苦付出了那么多，我非常感动，没有他们，我不可能活到现在。"

在砀山县县政府、唐寨镇镇政府和县电商协会等的帮助下，李娟成立了砀山县娟秀电商公司，注册了"祥奥娟"水果品牌，并成功入驻了京东商城砀山馆。平时，李娟负责在网络上和客户进行沟通，担任老板和客服的角色，她的爸妈还有妹妹、弟弟，每天负责接收、打印新订单，采摘水果，并按照要求一箱一箱地打包再发货。整个过程都是人工的，水果全部一个一个经过手工挑选装箱，每一个都饱满新鲜。李娟的妹妹李雪如每天负责把这些打包好的新鲜水果用电动三轮车送到快递站发货。李娟说："订单必须要当天发出去，才能保证水果的新鲜，否则耽误一天，水果的新鲜程度就会降低一点。"目前，李娟的公司成为"家庭电商"，李娟当老板，爸妈弟妹给李娟打工，她成为一名轮椅上的"电商CEO"。

"虽然很累，但电子商务改变了我的人生，让我找到了自强自立的奋斗平台，实现了我的人生价值！"轮椅上的李娟脸上露出自信的笑容，她高兴地说："在很多好心人的帮助下，我才有了今天的发展。我最大的愿望就是，把这份爱心传递下去，像爱心人士帮助我一样，去帮助那些残疾人、贫困户等需要帮助的弱势群体，让乡亲们早日脱贫，共同走上致富路。"

李娟身残志坚、奋发图强的创业精神和在困难面前坚韧不拔的拼搏精神，得到社会各界的高度赞赏。李娟相继荣获"中国好人"、2017年全国脱贫攻坚奖、"感动安徽十大新闻人物"、全国"逆境阳光典范女性"（又称"魔豆妈妈"）、2018年度全国三八红旗手、"中国青年五四奖章"、全国"最美志愿者"等荣誉称号。

"李娟和她所带领的村民们，通过接触电商、发现商机并积极投身进去，用自己的智慧和双手告别了贫困。李娟的传奇故事，让我们明白一个道理，当处于逆境时，不要害怕，不要放弃，应该坚韧自强，凭借智慧定能开辟出一片新天地。"

阿里巴巴集团公司母亲节公益行动特别节目在淘宝官方频道直播的同时，优酷网、央视影音、新华网现场云、千牛直播等多家国家级媒体同步直播，吸引大批网民"围观"，收到了良好的效果。淘宝网统计，在李娟节目直播的一小时内，点击量超过100万人次，当场收到水果订单300多个。

（二）"互联网+"深入链接"三农"

随着党中央、国务院发布的"互联网+"行动计划、农村电子商务发展指导意见、农业现代化建设等总体部署的实施，互联网越来越成为发展现代化农业、培育新型农民和建设社会主义新农村的时代背景，也正充当解决"三农"问题的有力工具。而在今后相当长的一段时期内，"三农"问题将继续是我国发展面临的一个重要问题，为顺应这个趋势，履行好"三农"工作职责，推进互联网技术和互联网思维在农业发展、农村建设工作中的全面应用，不断发挥"互联网+"在"三农"工作中的加速效应。2018年，农业在线化、数据化取得明显进展，管理高效化和服务便捷化基本实现，生产智能化和经营网络化迈上新台阶，城乡"数字鸿沟"进一步缩小，大众创业、万众创新的良好局面基本形成，有力支撑农业现代化水平明显提升。

（三）农村电商赋予脱贫新动力

国务院扶贫办于2014年将"电商扶贫"正式纳入到扶贫的政策体系，并在2015年将其作为"精准扶贫十大工程"之一开始正式实施。那什么是电商扶贫呢？所谓电商扶贫，即"电商+扶+贫"，"电商"可以看作是一种渠道或手段，"扶"是一个动态作用力，"贫"则是作用的对象，从整体来讲就是将今天互联网时代日益主流化的电子商务纳入到扶贫开发工作系统当中，作用于扶贫的对象——贫困人群。电商扶贫最主要的手段就是发展贫困地区的电子商务，本质属性就是让贫困地区的产品和服务对接电商大市场，根本目标就是提高贫困家庭的收入和生活水平。

团队实训

县级"电商+扶贫"脱贫攻坚新模式计划书

【组织形式】

以4～8人为一个小组，团队组织合理分工完成主要内容，共同完成脱贫计划书。

【任务目标】

通过扩大电商线上线下销售，带动县级农产品提质增效和农民增收，推进电商精准扶贫。实现全县20个乡镇农村帮扶户贫困户，间接带动帮扶更多农户。

【主要内容】

1. 如何促成数十户贫困家庭参与电商，移动微商运营。促进当地特色产品传播，如鸭蛋、芝麻粉、菜籽油等农产品销售并实现增收的实操方案。

2. 树立贫困成功标杆，如何实现一帮一带，带领周边村邻共同脱贫。

【完成形式】

每组团队完成计划书后，团队制作成PPT展示，最后派小组代表上台演示并阐述。

表6-3 脱贫计划书评分表

评分内容	分数	评分
内容完成	20	
条理清晰	20	
态度认真，分工合作	20	
PPT方案制作，排版美观	20	
演讲表达清晰，流畅	20	
总评		

实战训练

一、单选题

1. 淘宝卖家必须遵守的基本义务是什么？（　　　　）

A. 48小时内发货义务

B. 退换货包邮义务

C. 全国发货包邮义务

D. 如实描述

2. 以下哪种行为不属于违规？（　　　　）

A. 发布标题为全国包邮的宝贝

B. 盗用图片

C. 炒作信用

D. 出售假冒、盗版商品

3. 如果您在开店过程中遇到违规问题，在哪里可以了解详情？（　　　　）

A. 卖家中心站内信

B. 店铺首页

C. 卖家中心—违规纪录

D. 邮件

4. 怎么可以让我的宝贝排在搜索页前面？（　　　　）

A. 将最有竞争力的商品设为橱窗推荐商品

B. 详细描述自己的商品，补充型号、尺寸、信息、多角度图片展示等具体信息

C. 使用支付宝交易，诚信经营店铺

D. 以上都是

5. 您可以在哪里学习到有关店铺经营的知识？（　　　　）

A. 自己类目的官方帮派

B. 阿里学院视频教程

C. 淘宝论坛经验分享

D. 以上都是

二、多选题

1. 社区电商模式是以信息驱动，通过UGC+标签结构化的方式以社交信息流方式实现优质内容的积累，最终通过搭建高效的供应链完成模式闭环，下列哪些应用程序不是社区电商模式？（　　）

A. 京东　　　　　　B. 小红书　　　　　　C. 唯品会　　　　　　D. 手机淘宝

2. 下面不是由最终用户创建的各种媒体内容的是（　　）。

A. PGC　　　　　　B. OGC　　　　　　C. IGC　　　　　　D. UGC

3. 近年来，农村电商的概念非常火热，但是农产品电商化的道路却异常曲折。根本问题在于，中国的农产品卖不出价格。那么问题来了，如何把农产品卖出高价格？（　　）

A. 做好定位，取一个朗朗上口的名字，起一个响亮的口号

B. 商标拟物化

C. 学会给产品编故事

D. 设计包裹，能够吸引顾客拍照

4. 网店的市场定位主要从以下哪些方面进行分析？（　　）

A. 市场行情　　　　B. 网店商品　　　　C. 用户群体　　　　D. 竞争对手

5. 随着通信与互联网技术的快速发展，电子商务将向（　　）方向发展。

A. 移动电子商务　　B. 物联网　　　　　C. 大数据　　　　　D. 云计算

三、判断题

1. 推广和营销是两个不同的商业词汇，网店的"营销"简单说就是要让客户"知道我们"，网店的"推广"简单说就是要让客户"选择我们"。（　　）

2. 网络营销就是电子商务，电子商务是利用互联网进行各种商务活动的总和。（　　）

3. 如果企业没有自己的网站，就不能进行网络营销活动。（　　）

4. 电子邮件成为互联网上使用最广泛、最受欢迎的服务之一是由于它是快速、简便、可靠且成本低廉的现代通信手段。（　　）

5. 只有在网络时代，顾客的个性化需求才能得以充分发挥和满足，才真正拥有主动权。（　　）

四、案例分析题

1. 谈谈如果你想学习摄影技术，可以通过哪些平台学习？可以采用什么形式开展？有什么优缺点？

2. 网上证券交易和传统证券交易有哪些区别？

3. 网上证券交易为什么会发展得如此之快？

4. 移动电商案例分析。

（1）打开自己的手机。

（2）确定一个你经常使用的应用程序（微信、腾讯QQ、支付宝等）。

（3）完成如下内容。

①描述自己如何知道的这款应用程序？

②通过什么渠道完成的下载？

③自己为什么要试用它，它能解决你的什么需求？

④最喜欢其中的哪个环节或者功能？

⑤如果让你来推荐这款应用程序，你会怎么做呢？

5. 通过农村电商知识的学习，请你们组用一个实例，谈谈农村地区的电商应该怎么发展？

五、场景实训题

1. 登录亚马逊网站，注册账号，体会购书流程。

2. 您能在淘宝上为晓明开一个"美好时光冲印"店铺吗？

3. 登录"我要自学网"，学习"电脑办公"和"平面设计"等相关课程，然后按课堂要求，做出相应的作品来。

4. 下载微店应用程序，注册并登录，在"货源"中选择一件或多件商品进行分销，说明为何选择这些商品进行销售，目标用户是哪些？使用移动社交软件进行营销，并具体说明自己的营销思路和营销方式。

5. 请你选择一个本地农产品或服务，通过借鉴其他成功案例，来谈谈做农村电商的思路。

项目7 认知电子商务岗位

项目概述

丽姿电子商务服务有限公司是一家2017年成立的主营女装的电商企业，是刚毕业的"95后"大学生李丽开的一家销售服装网店。目前公司拥有淘宝、拼多多、京东等平台上的10余家店铺，日访问量上万次，月销售订单近3万件，销售额约600万元。作为一家纯互联网女装专营企业，现有雇员超过30余人，员工平均年龄22岁，堪称全国最年轻的电商团队。

今年公司全线进军O2O，准备增加更多上线产品类目，扩大运营团队。张颖刚毕业于一所职业院校，今年便有幸通过网上应聘被招进公司运营部，跟着李丽做网店运营，与买家沟通，推广营销，处理买家意见，她还主动学习摄影、美工，装修的淘宝店铺特别受买家喜欢。如今她已是这个年轻团队运营部的核心，在市场中摸爬滚打，锻炼了个人工作能力，获得了宝贵的实践经验，这更加增强了她在电商行业路上的自信心。

认知目标

1. 学习如何做一名合格的网店美工。

2. 学会常见的网店推广方法以及营销策略要点和技巧。

3. 掌握网店客户服务流程及工作技巧。

技能目标

1. 熟悉计算机网络操作和电子邮件、阿里旺旺等网络工具的应用。

2. 会很好地完成淘宝店铺装修美化，设计特色店铺。

3. 能够宣传推广店铺，打造爆款，提升店铺销售量和知名度。

4. 能够做好网店销售客服工作，扩大网店规模。

素养目标

1. 培养积极活跃的思维和学以致用的意识。

2. 培养正确的职场心态，关注岗位，关注社会。

3. 培养优秀的团队精神和职业素养。

4. 培养良好的创业和创新意识。

任务一 走进网店美工

任务描述

张颖开始上班了，星期一早上，张颖和同事晓华、杨艳一起参加部门早会。在会上，李丽说，两个月后将迎来"双十一"全民购物狂欢节，值此节日期间，公司要开展线上线下促销，运营部得到的任务是美化公司淘宝店铺、增加产品上线类目、优化店铺产品、开展推广促销活动策划、协助公司客服部做好客户服务。根据最近公司淘宝店铺订单系统数据分析，这个星期我们的任务就是对公司淘宝店铺进行重新装修美化，以增加店铺的浏览量，提升成交率。会上，李丽吩咐刚入司的张颖做好准备，尽快"充电"，学习好网店美工知识和技能，完成公司任务。听到这个消息，张颖甚是高兴，精心准备，跟团队一起努力学习网店装修与美化。

任务分解

为了助力这次"双十一"购物狂欢节网店推广促销，作为新手张颖，在同事的指导和帮助下，决定从两方面入门开始，一是先认识网店美工岗位，培养网店美工的职业素养；二是准备好相关素材，学习淘宝网店装修技能。

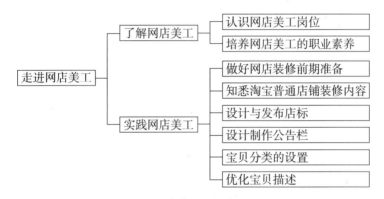

图7-1 走进网店美工框架图

活动一 了解网店美工

活动背景

张颖和团队成员认真地学习网店美工的相关知识，探讨什么是网店美工，讨论网店美工的职业素养的培养，在学习的过程中，张颖深深地体会到网店美工岗位的重要性。

探究新知

一、认识网店美工岗位

（一）网店美工工作简介

网店美工是网店页面编辑美化工作者的统称，服务于网店的运营和销售，主要进行店铺的装修工作，包括店铺首页设计、商品详情页设计、促销海报设计和图片处理等。

（二）网店美工在网店销售中的作用

网店美工是网店经营中不可或缺的重要岗位，网店销售与实体店销售相比，最大的不足就是不可现场体验实物，买家只能通过网店页面来获得商品的任何信息，网店美工承载着视觉传达和视觉营销的重任。

知识链接

什么是视觉营销?

视觉营销就是利用色彩、图像、文字等造成的冲击力,吸引潜在顾客的关注,由此增加产品和网店的吸引力,从而达到营销制胜的效果。视觉营销的表象是视觉呈现,其核心目的是营销。

(三)网店美工的技能要求

1. 网店美工需熟练操作各类软件

	调整图片的最佳尺寸、角度
	调色美化商品图片
Photoshop商品图片美化	修图美化商品图片
	图片合成技术
	促销广告设计
	店铺装修整页设计法
Flash制作动画	网店动画
	商品广告动画
	图片无缝切割
Fireworks(一款网页作图软件)优化图片	图片优化
	批处理图片技术
	店铺布局的修改
Dreamweaver[①]表格排版	链接、热点链接、描点链接
	使用代码为店铺增加功能

2. 美工要有色彩基础

无论是平面设计,还是网页设计,色彩永远是最重要的一环。买家对店铺的第一感觉首先不是优美的版式或者是美丽的图片,而是网页的色彩。色彩的表情在更多的情况下是通过对比来表达的,有时色彩的对比五彩斑斓、耀眼夺目,显得华丽,有时对比在纯度上含蓄、明度上稳重,又显得朴实无华。创造什么样的色彩才能表达所需要的感情,完全依赖于美工的感觉、经验以及想象力,没有什么固定的格式。因此,美工要具备扎实的美术功底、丰富的想象力和良好的创造力。

3. 美工要具备良好的营销思维

一个优秀的美工一定要有一个良好的营销思维。在制图时,一定要清晰地知道,图片传递的信息能否打动买家,就是说广告总是要突出所宣传产品的某一个吸引人的特点,这个突出的特点也就是所谓的产品诉求,即最能够打动消费者的、商家最想展示的产品最大的特色。

二、培养网店美工的职业素养

(一)职业素养的含义

职业素养是指职业内在的规范和要求,是在职业过程中表现出来的综合品质,包含职业道德、职业技能、职业行为、职业作风和职业意识等方面。

(二)影响和制约职业素质的因素

影响和制约职业素质的因素很多,一般来说,毕业生顺利就业并取得成就,在很大程度上取决于本人的职业素质,职业素质越高的人,获得成功的机会就越多。影响和制约职业素质的因素如图7-2所示。

---

① 中文名称"梦想编织者",是一款集网页制作和管理网站于一身的所见即所得的网页编辑器。

图7-2 影响和制约职业素质的因素

活动实施

请同学们跟随张颖一起，分组讨论网店美工岗位是干什么的，在网店经营中起什么作用，从而形成正确的职业观。

活动评价

1. 活动经验分享。

（1）小组间分享活动结果和活动收获。

（2）谈谈对网店美工岗位的认识。

2. 教师总结点评，对表现突出的小组进行奖励。

活动二　实践网店美工

活动背景

"双十一"购物狂欢节，为与促销活动更相符，与商品更相关，为营造气氛，提高买家对网购的信任度，提升公司店铺形象，从而提高销售量，需要对公司淘宝店铺进行装修美化。在已经了解了网店美工岗位，也明晰了网店美工的岗位职责后，现在张颖迫不及待地想一展身手，把自己熟悉的Photoshop知识和技能应用到实践中去，虽然张颖做了岗前培训，但要进行网店装修还是有很多东西需要学习，为此，李经理指定美工组的王组长为张颖的师傅。在王组长的带领下，张颖又跟着团队一起学习了网上店铺装修美化技能与技巧。

探究新知

一、做好网店装修前期准备

刷颜值的时代，不装修无网店。漂亮美观的网店，总是可以让买家愉悦的，愉悦的买家总是容易下单。做好网店装修美化，前期的准备是不可缺少的。

（一）整体布局

店铺装修要整体考虑，定位要明确，风格要统一，颜色要协调；切忌弄得太多太乱，花里胡哨，风格不搭。一个特色鲜明的网店才能给浏览者留下深刻的印象。

（二）收集装修素材

店铺名称、店标、签名、店铺公告等文字和图片素材要事先准备好，如经过处理美化的商品图片、百度中搜索的装修素材等。这样不但可以提高装修的效率，也可以避免返工，能够达到双赢的效果。

（三）熟悉网店装修工具的使用

网店装修无外乎图片的编辑、网页制作。Photoshop、Fireworks是图片设计处理方面的专业软件，FrontPage、Dreamweaver是网页制作方面的专业软件。其中任选两种软件组合来使用就可以了。

（四）选择网店装修类型

在淘宝网开发的早期，淘宝提供的店铺只有几种简单的模板样式，为淘宝普通店铺。为了满足卖家对店铺装修的要求，淘宝网推出了淘宝旺铺，让卖家可以具有更强大的店铺设置功能，同时可以定制完全属于自己的个性装修风格。对于初学者，可以先从普通店铺装修开始。

二、知悉淘宝普通店铺装修内容

对于普通店铺来说，装修的内容主要包括店标、店铺介绍、公告栏、掌柜推荐、宝贝分类、宝贝描述等内容。如图7-3所示。

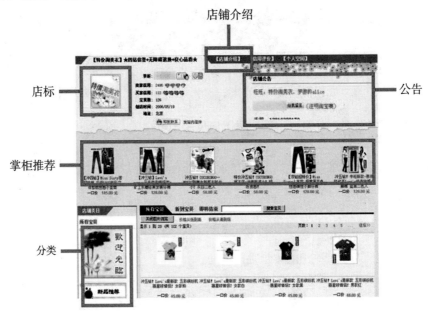

图7-3　淘宝普通店铺装修内容

三、设计与发布店标

店标是店铺最重要的标志之一，一个好的店标可以给买家留下深刻的印象，让买家更容易记住店铺，让更多的买家光临。

（一）店标设计的原则

1. 富于个性，新颖独特

设计店标要讲究个性，与众不同，别出心裁；要突出视觉形象，易于识别，便于记忆。

2. 简练明确，信息表达

店标设计要求简练、明确、醒目，图案切忌复杂；要传达明确的信息，给买家留下美好、独特的印象。

3. 符合美学原理

店标设计上要造型美观，讲究艺术性，符合人们的审美，具有较强的视觉冲击力。

（二）设计制作网店店标

1. 制作静态店标

一般来说，静态店标由文字、图像构成。作为卖家，可以将商品商标用数码相机拍下，然后用Photoshop软件编辑制作；或者自己绘图，输入电脑，然后用图像处理软件进行编辑制作。

2. 制作动态店标

对于网店而言，动态店标就是将多个图像和文字构成GIF动画。这种动态店标可以使用GIF制作工具来制作完成。

（三）将店标发布到店铺

设计好店标后，就可以通过淘宝网上的店铺管理工具将店标发布到自己店铺上。在打开的"我的淘宝"网页中，单击"我是卖家"按钮，进入"我是卖家"页面，单击左侧"店铺管理"栏中的"店铺基本设置"超链接。然后在打开的"店铺基本设置"网页中，单击"店铺标志"一栏下方的"上传图标"按钮即可，如图7-4所示。

图7-4　店铺基本设置页面

四、设计制作公告栏

公告栏是发布店铺最新信息、促销信息或店铺经营范围等内容的区域。通过公告栏发布内容，可以方便买家了解店铺的重要信息。

（一）公告栏制作的注意事项

（1）淘宝普通店铺的公告栏具有默认样式，如图7-5所示。卖家只能在默认样式的公告栏上添加公告内容。

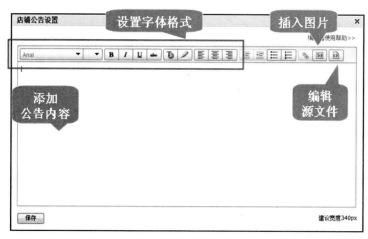

图7-5　店铺公告栏默认样式

（2）卖家在制作公告栏时，可以将默认的公告栏效果作为参考，使公告的内容效果与之搭配。公告栏设置了默认的滚动效果，在制作公告时无须再为公告内容添加滚动设置。

（3）淘宝普通店铺的公告栏内容宽度不要超过480像素，否则超出的部分将无法显示，而公告栏的高度可随意设置。

（4）如果公告栏的内容为图片，那么需要指定图片在互联网上的位置。

（二）公告栏装修制作方法

（1）点击右侧"管理我的店铺"，然后点击"编辑"按钮，如图7-6所示。

（2）弹出"店铺公告设置"窗口，在这里编辑公告内容，发布后都是滚动文字。

（3）当然，也可以图片公告，方法很简单，先单击"图片"图标，弹出"图片设置"对话框，然后将图片在互联网上的地址粘贴复制到"图片地址"文本框中，再单击"确定"按钮即可，如图7-7所示。

图7-6 "管理我的店铺"页面

五、宝贝分类的设置

为了满足卖家放置各种各样商品的要求，淘宝为普通店铺提供了"宝贝分类"功能，如图7-7所示。好的店铺分类会让客户很容易找到想要的产品，尤其是商品种类繁多的时候，从而提高成交量。

（一）宝贝分类制作的注意事项

（1）宝贝分类的设置需要从整体的装修风格出发，让分类的设置符合店铺的装修要求。

（2）宝贝分类图片最大宽度是150像素，高度不限，JPG或GIF格式图片。

（3）卖家可以根据宝贝分类再添子分类，让宝贝分类更加合理，更方便买家浏览。

（二）设置宝贝分类

如图7-7所示，点击右侧"管理我的店铺"，进入宝贝分类管理界面，操作完成，最后保存。

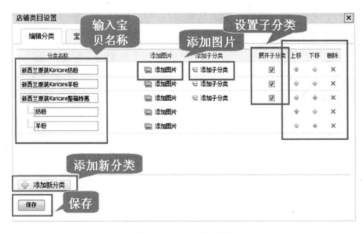

图7-7 宝贝分类操作

六、优化宝贝描述

一个好的网店宝贝描述，能让买家快速了解产品的大概，同时对提升网店转化率起到好的影响。而好的宝贝描述，不仅要具备良好的视觉效果，而且要注意产品描述的细节和技巧。

（一）宝贝描述要全面

宝贝标题的60个字符不足以充分说明宝贝的优势和价值，因此，要在宝贝描述里补充文字、图片甚至视频，让买家在购买之前对宝贝有更全面和客观的了解。淘宝的宝贝描述容量是25000字节，足以添加更为详细的宝贝介绍和相关说明，如宝贝的品牌、型号、材质、规格、功能、功效、包装等基本信息，甚至包括促销活动介绍、会员优惠、常见问题解答（FAQ）、买家须知、联系方式等有利于销售的信息。

（二）宝贝描述技巧

1. 宝贝主图

这是买家最容易看到的一个地方。所以，提升宝贝主图的视觉效果非常有必要，要突出宝贝的亮点。

2. 对宝贝细节的把控

尽可能多地展现出宝贝的细节。作为买家，他们都希望能尽可能地对宝贝详情进行了解，所以，做好宝贝细节的展现也是非常有必要的。这能提升买家的购物体验，也能有效地规避交易纠纷。

3. 卖点展现

一件宝贝能让买家最终下单，除了价格等外部因素，宝贝本身所有的卖点才是最为关键的。这好比同类型产品，你家的宝贝在功能质量上比别家的表现得更为优异，那么买家会更加倾向于你的产品。而在宝贝描述里，如何将宝贝卖点展现出来，是提升转化的关键所在。

（三）宝贝描述资料的撰写

（1）首先要向自己的供货商索要详细的商品信息。商品图片不能反映的信息主要包括材料、产地、售后服务、生产商品厂家、商品的性能等。只要是相对于同类产品有优势和特色的宝贝信息，一定要详细地描述出来，这本身也是产品的卖点。

（2）买家的提问和用后反馈信息。这也是卖家收集宝贝描述信息的重要途径，不仅可以完善自己网店的商品信息，同时也能够辅助自己发现宝贝的新卖点和做好市场细分。

（3）到同行中去参考。网店有许多卖同样产品的卖家，都可以去他们的网店转转，看看他们的商品描述是怎么写的，特别要重视同行中做得好的电商。

（4）留意生活，挖掘与宝贝相关的生活故事。这个严格来说不属于商品描述信息的范畴，但是一个与宝贝相关的故事，更加容易打动消费者。

活动小结

对于新手来说，张颖在团队的帮助下，经过个人努力，如期完成了任务。虽然很辛苦，但累并快乐着。在学习和团队的交流过程中，张颖学会了淘宝店铺装修基本技能和技巧，从新手逐步成为高手，不仅丰富了业务知识，更为她后来的工作积累了宝贵经验，也认识到自己作为电商人，仍然还要不断学习，不断成熟。

实战训练

宝贝描述

【实训目标】

掌握优化商品描述的技巧，完成淘宝店铺女装商品详情信息的描述。

【实训内容】

1. 买家浏览店铺关注的焦点无非就是与商品相关的商品详情信息，但是这些信息在你的商品描述页面该如何撰写展现给顾客呢？什么样的撰写方式方法才能提升客户转化率，促进店铺销量呢？

2. 撰写内容包括：商品基本属性，如名称、品牌、规格等；商品细节图，如衣服布料、纽扣等；使用方法，如洗涤方法；买家须知，这里主要说买家购物之前需要了解的店铺相关信息。

【完成任务】

1. 全体同学以小组为单位，4人一组，教师说明实训内容，分配实训任务。

2. 分组开始撰写商品描述详情信息，组内可讨论交流，以优化宝贝描述。

3. 将撰写好的宝贝详情信息编辑到店铺"宝贝描述"对应的选项框中并"发布"或"预览"。

4. 将"发布"或"预览"页面截图并提交，教师点评，提出问题与建议，任务完成。

任务二　学会网络推广

任务描述

张颖学以致用，对公司淘宝店铺进行了装修美化，可是店铺成交量仍然没有明显的提升。眼下临近"双十一"了，张颖显得有点一筹莫展。在公司晨会上，公司对"双十一"活动进行了全面筹划。此时，张颖明白了网店生意为什么不够理想？好的网店如何让买家光顾我们的店铺，让买家的点击量转化为成交量，唯一的方法就是我们积极主动地推广营销，否则不管我们的产品质量有多好，价格多便宜，店铺多有特色，买家根本不知道。有了目标，张颖心中豁然开朗，在同事李丽、陈晓玲和赵艳等的帮助下，张颖很快学会了网上推广与营销技能，为迎接公司"双十一"活动做好准备，且看张颖是怎样完成这次学习任务的。

任务分解

这次学习任务主要包括两个方面：一是先认识什么是网络推广，明确网络推广的意义和优势；二是如何做网店推广，让买家"上门"后"选择我们"，促使交易成功。

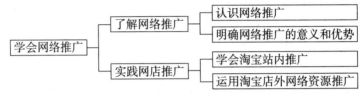

图7-8　学会网络推广框架图

🎞 活动一　了解网络推广

活动背景

为了能对网络推广有整体上的认识，在团队成员的帮助下，张颖列了一个学习任务的清单，第一个学习任务就是认识什么是网络推广，以及网络推广的意义和优势。

探究新知

一、认识网络推广

网络推广就是以互联网为基础，进行各项活动策划、营销宣传等一系列的推广手段，是网络营销的核心工作。

（一）网络推广按范围分

1. 对外的推广

指针对站外潜在用户的推广，主要是通过一系列手段针对潜在用户进行营销推广，以达到增加网站页面访问量、会员数或收入的目的。

2. 对内的推广

指专门针对网站内部的推广，比如，如何提高用户浏览频率、如何激活流失用户、如何增加频道之间的互动等。

（二）网络推广按投入分

1. 付费推广

指需要花钱才能进行的推广。如各种网络付费广告、竞价排名、天猫淘宝客等。

2. 免费推广

指在不用额外付费的情况下就能进行的推广。如搜索引擎优化、论坛推广、资源互换、软文推广、邮件群发等。

（三）网络推广按渠道分

1. 线上的推广

指基于互联网的推广。如网络广告、论坛群发等。

2. 线下的推广

指通过非互联网渠道的推广。如地面活动、户外广告等。

（四）网络推广按手段分

1. 常规手段

指一些良性的、非常友好的推广方式。如正常的广告、软文等。

2. 非常规手段

指一些恶性的、非常不友好的方式。如群发邮件、骗点、恶意网页代码，甚至在软件里插入病毒等。

（五）网络推广按目的分

1. 品牌推广

以建立品牌形象为主的推广。这类推广一般都用非常正规的方法进行，而且通常都会考虑付费广告。

2. 流量推广

以提升流量为主的推广。

3. 销售推广

以增加收入为主的推广。通常会配合销售人员来做。

4. 会员推广

以增加会员注册量为主的推广。一般大家都以有奖注册，或是以其他激励手段为主进行推广。

5. 其他推广

其他一些项目或是细节的推广。如某个具体活动等。

二、明确网络推广的意义和优势

（一）网络推广的意义

1. 塑造品牌形象

可以通过优化网站、发布新闻源、产品关键词搜索等都能展现公司的信息以及品牌形象，让更多的人知道我们、熟悉我们。

2. 挖掘潜在客户

当我们在网络上大量展现出自己的服务与品牌形象，提高公司知名度的同时，也能让未来的潜在客户找到我们。

3. 直接带来销量

当公司在网站上做推广的时候，目标客户会通过网络推广直接联系到公司，直接为公司带来销售或合作。

（二）网络推广的优势

1. 传播范围最广

网络广告的传播不受时间和空间的限制，它通过互联网把广告信息24小时不间断地传播到世界各地，只要具备上网条件，任何人在任何地点都可以阅读。这是传统媒体无法做到的。

2. 交互性强

交互性是网络媒体的最大优势，它不同于传统媒体的信息单向传播，而是信息互动传播，用户可以获取他们认为有用的信息，企业也可以随时得到宝贵的用户反馈信息。

3. 针对性强

根据分析结果显示，网络广告的受众是最年轻、最具活力、受教育程度最高、购买力最强的群体，网络广告可以帮你直接命中最有可能的潜在客户。

4. 受众数量可准确统计

利用传统媒体做广告，很难准确地知道有多少人接受到广告信息，而在互联网上可以通过权威公正的访客流量统计出每个广告被多少个用户看过，从而有助于企业正确评估广告效果，审定广告投放策略。

5. 强烈的感官性

网络广告的载体基本上是多媒体，受众可以了解对感兴趣的产品更为详细的信息，使消费者能亲身体验产品、服务与品牌。这种以图、文、声、像的形式，传送多感官的信息，让顾客如身临其境般感受商品或服务，并能在网上预定、交易与结算，将大大增强网络广告的实效性。

活动实施

请同学们分组讨论什么是网络推广，在网店运营中起什么作用，从而形成正确的职业观。

活动评价

1. 活动经验分享。

（1）小组间分享活动结果和活动收获。

（2）谈谈对网络营销岗位的认识。

2. 教师总结点评，对表现突出的小组进行奖励。

活动二 实践网店推广

活动背景

在熟悉了网络推广之后，李丽告诉张颖，一个成功的店铺是离不开推广和宣传的，作为一个新卖家免不了要做一些推广和宣传，让目标客户知道你并找到你，通过宣传推广来提升公司店铺知名度并树立品牌。"双十一"即将临近，为了在激烈的市场竞争中创造佳绩，做大网络市场，公司要不遗余力地做好一切店铺的营销推广。张颖感觉到任务的紧要性和时间的紧迫性，马不停蹄地投入到学习工作中。

探究新知

一、学会淘宝站内推广

除了设置好的店铺名称、设计特色店标、优化宝贝标题关键字和宝贝描述等可以增强店铺的宣传推广效果之外，我们还可以利用淘宝本身店内和站内资源推广，从而大大提高网店的销售量。

（一）使用阿里旺旺免费推广

阿里旺旺是淘宝网为店主量身定做的商务沟通软件，是卖家生意的好帮手，随时为你接收买家反馈，与买家洽谈。

1. 阿里旺旺签名助推广

阿里旺旺签名可以帮助你推广，即使你不在线，如果你设置了个性签名，那么在添加你为好友的对方联系人列表中就可以显示你的宣传标语，如"新品上市，敬请关注！""尾单甩卖，限时抢购！"等，如图7-9所示。

图7-9 阿里旺旺签名   图7-10 阿里旺旺群

2. 建立阿里旺旺群交流推广

当阿里旺旺达到一定等级时，就可以建立自己的群了。通过群和群友们聊天沟通，让大家慢慢地认识你、接受你，这样大家就会有兴趣去你的店铺和空间看看，无形中就增加了曝光率，如图7-10所示。

3. 旺遍天下随时随地推广

设置"阿里旺旺头像"可以更方便他人随时随地与你联系，买卖宝贝，广交朋友。可以在任何地方添加，让别人知道旺旺的在线状态，只要轻轻一点"和我联系"，买卖双方就可以沟通了，生意就来了，如图7-11所示。

图7-11 "和我联系"按钮和"旺遍天下"超链接

（二）交换友情链接提高曝光率

淘宝的店铺有一个非常宝贵的免费推广资源——友情链接，数量为35个，显示位置是在店铺左侧宝贝分类的下面，只要交换过友情链接的店铺，彼此都会出现在对方的店铺页面里。这样能很好地提高自己店铺的曝光率，提高自己的人气，比如卖衣服店铺，可以与饰品店铺交换链接，如图7-12所示。

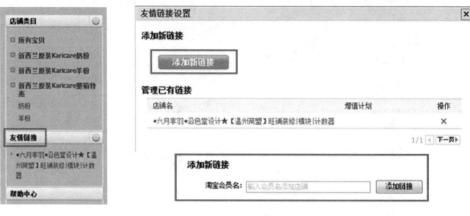

图7-12　交换友情链接

（三）相互收藏店铺增加人气

在淘宝店铺首页店标下面的"收藏"栏里可以了解买家收藏了哪些宝贝，说明这些宝贝是买家需要的。这样通过相互收藏店铺进行推广，增加人气。现在由于移动电商的发展，淘宝店铺还可以收藏到手机，如图7-13所示。

148

图7-13　收藏店铺

（四）利用店铺留言进行宣传

店铺留言位于店铺的底部，它除了用于买家与卖家进行交流外，还可以用来发布信息、补充店铺介绍、写入店主联系方式、购买宝贝注意事项等。单击"管理店铺全部帖子"超链接，进入"留言管理"页面，如图7-14所示，在这个页面中可以对店铺留言进行管理，如发布留言、回复买家留言、删除留言等。如此通过店铺留言一问一答，无形中起到宣传店铺的作用，留言越多，表明店铺越受关注。

图7-14　留言管理

（五）运用信用评价免费广告

　　网上商店会员在使用支付宝服务成功完成每一笔交易订单后，双方均有权对对方的交易情况做出相关评价。卖家可以针对订单中每件卖出的宝贝给买家"好评""中评"或"差评"，这些评价即为信用评价。卖家在"发表评论"的文本框中输入评论时，可以加上一些店铺的宣传广告语，从而达到免费宣传自己店铺的目的，如图7-15所示。

149

图7-15　信用评价

（六）淘宝论坛免费推广

　　淘宝论坛是一个人气非常旺盛的网上社区，包括淘宝社区、淘江湖、帮派等，每天有大量的浏览量来自各个板块的新闻资讯、生活便利、娱乐八卦等，因此，精明的卖家都不会轻易错过采用淘宝论坛这类推广方式。

　　在淘宝论坛中，精明的卖家多发帖和回帖，多参加论坛活动，聚集自己的人气，吸引人的眼球，赢取百万流量，有效提升店铺浏览量。

（七）付费推广

　　除上述之外，淘宝网店还提供一些付费推广方式，如淘宝直通车、淘宝客、钻石展位、超级卖霸等。

淘宝直通车推广

在付费推广中，淘宝直通车推广是最能直接提升店铺流量的一种推广方法。

（1）什么是淘宝直通车？淘宝直通车是淘宝为卖家量身定做的推广工具，当买家在淘宝或雅虎上搜索你的产品时，你的宝贝将第一时间出现在他们眼前。同时也可以根据自己的实际情况报名参加直通车的相关活动（如淘宝首页热卖单品、时尚频道、热卖单品、女人频道、热卖单品等），设定一个适合自己的活动出价，如果被选中，就有机会出现在淘宝首页及各大频道下方的热卖单品中。按获得的点击流量付费，卖家投入很小就可以获得很大的流量，从而提高成交率。

（2）加入淘宝直通车。在"我是卖家"页面中单击"我要推广"即可，如图7-16所示。

图7-16　加入直通车

（3）推广新的宝贝。在"我的直通车"页面可以选择新的宝贝推广，如图7-17所示。

图7-17　推广新的宝贝

（4）更多活动推荐机会。如在周末疯狂购、午间欢乐购、情人节等全站型活动中，单品推广位均为直通车会员所独享。

二、运用淘宝店外网络资源推广

做网店推广，除了可以在淘宝上进行免费或花钱的推广以外，还可以在淘宝站外进行推广。如利用搜索引擎宣传、利用即时聊天工具、电子邮件广告、论坛宣传、投放广告、微博微信推广等。

（一）利用搜索引擎宣传推广

全世界大部分互联网用户都是用搜索引擎来查找信息，搜索引擎已经成为用户搜索目标最便捷的工具。这就意味着登录搜索引擎是互联网上最经济实用的网站推广形式。

1．将网店提交到搜索引擎

如图7-18所示，这样在各个搜索引擎就能找到你的店铺了。

图7-18　百度搜索引擎登录页面

2．优化搜索引擎与竞价排名

简单来说，就是通过修改和添加一些热门关键词来促使搜索引擎在检索信息的时候最先检索到你的店铺和商品，然后使你的排名更加靠前，得到更靠前的展示机会，从而达到推广网店的目的。

（二）利用即时聊天工具推广

有互联网的地方就有QQ。这是一个大家都在用的即时聊天工具，充分利用也是可以达到网站宣传和推广的效果的。

1．利用QQ签名

在设置自己的个性签名时，如图7-19所示，即可以添加自己店铺名称或广告信息，从而引起关注。

2．利用QQ空间

在自己QQ空间日志里添加店铺信息，通过日志互相转载被一传十、十传百地传播，也可以去访问别人的QQ空间，通过"互踩"引导别人回访等。这样利用QQ空间提高流量，也可以有一定的推广效果，如图7-20所示。

（三）电子邮件推广

网民、淘友、粉丝们基本上都有自己的邮箱，如百度邮箱、雅虎邮箱、新浪邮箱、163邮箱、网易邮箱、QQ邮箱等。以电子邮件为主要的网站推广手段，常用的方法包括电子刊物、会员通信、专业服务商的电子邮件广告等。考虑到陌生的广告邮件会引起人们的反感，所以在电子邮件里可以加些精美的图片或有兴趣的话题，激起人们参与的热情。如推广介绍新产品，给一些节日及优惠活动做宣传等。如图7-21所示即为利用电子邮件推广店铺商品的示例。

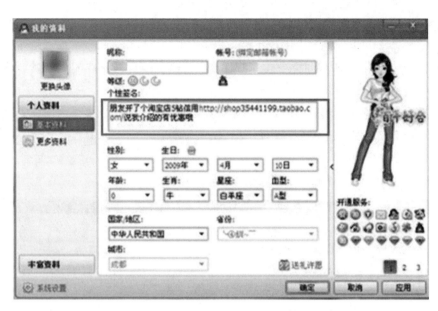

图7-19　设置个性签名

图7-20　利用QQ空间推广店铺

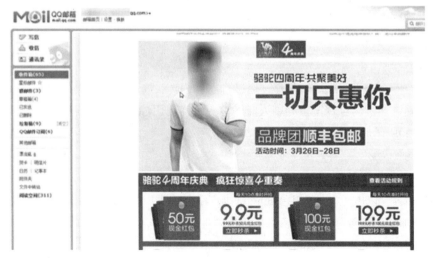

图7-21　电子邮件推广店铺商品

（四）博客推广

利用博客这种网络交互性平台，发布专业性的优秀博文，并附带宣传店铺和商品。目前，百度空间、QQ空间、新浪、搜狐、网易等这些门户论坛都有自己的博客。

利用博客推广首先博文标题要醒目，内容要丰富。博客如果没有专业的内容充实，只会降低网店的品牌形象和影响。正确的做法应该是更多地提供经过精心编辑的时事热点娱乐，或是相关专业知识和经验体验等内容，并达到互动的目的，如图7-22所示。在博文里避免生硬地做广告，最好是软文广告，如销售美食的淘宝店，在新浪发博客写关于美食做法之类的相关文章，加上自己的网店地址，这样就会不断吸引想了解相关信息的人来访问，不断扩大影响力，从而达到宣传的效果。

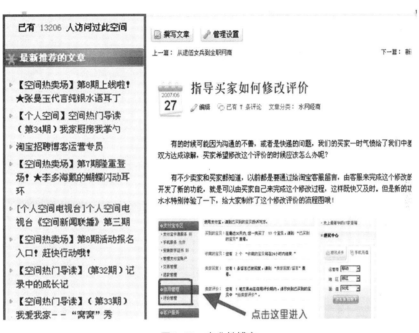

图7-22　专业性博文

（五）微博推广

自新浪微博与淘宝在产品上合作开设出微博淘宝版以来，越来越多的淘宝经营者开始注重微博这个新媒体与听众（粉丝）的互动推广。微博提供卖家和广大买家近距离接触的机会，真诚的沟通和关怀会让卖家赢得忠实粉丝，在微博平台持续宣传店铺商品及品牌。

发布微博要实名，用真实的图像，用好个人介绍和标签，都是做广告的好地方。在微博上发布广播内容要善用大众热门话题，吸引粉丝的永远是质量高、对粉丝有用的或者是他们感兴趣的内容，而且最好是原创的。另外要关注粉丝，与粉丝互动。这样可以创造更多曝光、口碑传播和销售的机会。

▌ 活动效果

学习就会有收获。此刻张颖明白了，除了做广告，网店推广的方法很多。现在网上开店的越来越多，竞争越来越激烈，只要我们不坐等买家上门，积极主动运用一切淘宝站内、站外资源，有计划地进行宣传推广活动，公司店铺浏览量、成交量就会慢慢地高起来，就会有越来越多的目标客户，公司知名度也会逐步树立起来。张颖相信，通过自己的学习实践，公司"双十一"促销活动会达到理想的效果。

微博推广

【实训目标】

了解如何参与微博热门话题，利用参与话题来提高微博推广的曝光率。

【实训内容】

1. 发布一条包含"网红"话题微博。

2. 微博中必须包含"技能""平台""成长""提升"等词语。

3. 添加至少一张相关图片（自己制作与网店微博营销相关的图片）。

4. 微博中必须包含自己店铺的网址（自己选择店铺类型，如女装店铺）。

【完成任务】

1. 全体同学以小组为单位，4 人一组，教师说明实训内容，分配实训任务。

2. 分组开始撰写微博，不得抄袭。

3. 撰写完毕，小组内进行讨论交流，谈谈个人对微博营销的看法。

4. 讨论交流结束，教师点评，说说如何利用热门话题进行微博营销。

5. 将撰写好的微博写在Word文档中，并提交。任务完成。

任务三　做好网店客服

任务描述

再过两天就"双十一"了，随着张颖及其团队对公司网上店铺推广营销活动的逐步开展和推进，店铺访问量和成交量明显提升。眼下，一个店铺，一人处理订单，张颖已感觉到应对不了不断增长的交易量。她去找李丽汇报情况，李丽告诉她：随着网店规模的扩大，仅仅靠一个人来管理店铺售前、售中、售后的工作是不可能的，网店客服人员开始承担起细分的工作。网店客服人员通过网络即时工具和电话，管理网店、接受顾客网上咨询、处理售后问题等。一个有智慧的公司必须有专业的客服团队，必须培训专业的客服人员，才能将网店进一步做大。在李丽的建议下，张颖参加了公司专门组织的客服培训，在团队的指导和帮助下，很快学会了网上客服的相关知识和技巧。

任务分解

在公司培训学习会上，张颖对所学的有关客服知识内容做了整理，做好客服主要是做好两个方面的工作：一是认识客服岗位，熟悉客服工作技巧；二是掌握买家心理，处理好交易纠纷，维护好客户关系，做好客户服务。

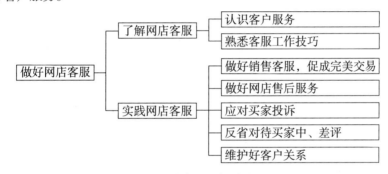

图7-23　做好网店客服框架图

(📷) 活动一　了解网店客服

活动背景

如今，随着网络购物的兴起，网店经营的日益火爆，从而产生了一个全新的职业——网店客服。无论是刚刚新开的网店，还是已经经营得非常好的网店，张颖认识到网店客服是网店运营中一个非常重要的环节。客服工作直接决定着网店的销售额以及买家对网店的服务印象。

探究新知

一、认识客户服务

网店客服的质量直接关系到店铺的成交率和转化率。网店客服的每一言都代表着公司的形象，客服是买家评价这个店铺的第一要素。

(一)客户服务的重要作用和意义

1. 塑造公司形象

买家通过与客服的交流，可以逐步地了解商家的服务和态度，让商家在买家心目中逐步树立起良好的店铺形象。

2. 提高成交率

通过客服良好的引导与服务，买家可以更加顺利地完成订单。对于一个犹豫不决的买家，一个有着专业知识和良好销售技巧的客服，可以帮助买家选择合适的商品，促成买家的购买行为，从而提高成交率。

3. 提高买家回头率

当买家完成了一次良好的交易后，买家会对卖家的服务、商品等有切身的体会。当需要再次购买同样商品的时候，买家就会倾向于选择他所熟悉和了解的卖家，从而提高了买家再次购买的概率。

4. 更好地服务买家

一个有着专业知识和良好沟通技巧的买家，可以给买家提供更多的购物建议，更完善地解答买家的疑问，更快速地对买家的售后问题给予反馈，从而更好地服务买家。

（二）客服人员应具备的知识和能力

1. 电脑网络知识

客服一般不需要太高深的电脑技能，但是需要对电脑有基本的认识，包括熟悉Windows系统，会使用办公软件，会发送电子邮件，会管理电子文件，熟悉上网搜索并找到需要的资料。录入方式至少应该熟练掌握一种输入法，打字速度快，能够盲打输入。

2. 产品知识

客服应当对产品的种类、规格、材质、功能用途、使用方法、适用人群、注意事项等都有一定的了解，最好还应当了解其他同类商品甚至行业的有关知识。比如化妆品，有一个皮肤性质的问题，不同的皮肤性质在选择化妆品上会有很大的差别。

3. 网站交易规则

有的时候，买家可能第一次在网上交易，不知道该如何进行，这个时候，我们除了要指导买家去查看网店的交易规则，在一些细节上还需要一步一步地指导买家如何操作。此外，我们还要学会查看交易详情，了解如何付款、修改价格、关闭交易、申请退款等。

4. 付款知识

现在淘宝网上交易一般通过支付宝和银行卡付款方式交易。客服应该建议买家尽量采用支付宝等付款方式完成交易，以确保买家支付的安全，同时提醒买家付款后及时通知。

5. 物流知识

要了解不同物流方式的价格、速度，各物流快递的网点情况，包裹的状态查询、问题件退回、代收货款、索赔的处理等。

6. 良好的沟通能力

不管是交易前还是交易后，在与买家沟通时，要注意讲话的技巧和艺术，良好的沟通是保证交易顺利的关键。同时，与买家保持良好的沟通，还有可能将新买家吸收为回头客，成为自己的老买家。

二、熟悉客服工作技巧

网购因为看不到实物，所以给人的感觉就比较虚幻，为了促成交易，客服必将扮演重要角色，因此，客服工作技巧的运用对促成订单至关重要。

（一）态度方面

（1）保持积极的态度，树立"买家永远是对的"理念。

（2）要有足够的耐心与热情。

（3）礼貌待客，多说谢谢。

（4）尊重买家，多听听买家的意见。

（5）坚守诚信，做个专业卖家。

（二）语言方面

1. 使用礼貌有活力的沟通语言

沟通过程中其实最关键的不是你说的话，而是你如何说话。多采用礼貌的态度、谦和的语气，就能顺利地与买家建立起良好的沟通。让我们看下面小细节的例子，来感受一下不同说法的效果。

"您"和"亲"比较，前者正规客气，后者比较亲切。

"不行"和"真的不好意思哦"；"嗯"和"好的没问题"；都是前者生硬，后者比较有人情味。

2. 学会真诚赞美你的买家

在网络交流中运用一些赞美的小技巧，让买家在购物过程中不仅可以买到自己中意的商品，也能让购物的心情更好，更重要的是让买家更加喜欢你的店铺，增加对店铺的良好印象，如果买家收到商品很满意的话，他最终会成为你最忠实的买家。

❓【做一做（想一想）】

在我们看不到买方，也不知道对方长什么样的情况下，我们可以从哪几个方面赞美买家?

3. 保持相同的谈话方式

对于不同的买家，我们应该尽量用和他们相同的谈话方式来交谈。如果对方是个年轻的妈妈给孩子选商品，我们应该站在母亲的立场，考虑孩子的需要，用比较成熟的语气来表述，这样更能得到买家的信赖。如果你自己表现得更像个孩子，买家会对你的推荐表示怀疑。

4. 常用规范用语

"请"是一个非常重要的礼貌用语。

"欢迎光临""认识您很高兴""希望在这里您能买到满意的宝贝"……

"您好""请问""麻烦""请稍等""不好意思""非常抱歉""多谢支持"……

少用"我"字，多使用"您"或者"咱们"这样的字眼，让买家感觉你在全心全意地为他（她）考虑问题。

5. 尽量避免使用负面语言

买家服务语言中不应有负面语言，这一点非常关键。什么是负面语言？比如，我不能、我不会、我不愿意、我不可以等，这些都叫负面语言。

譬如，当你说"我不能"的时候，买家的注意力就不会集中在你所能给予的事情上，他会集中在"为什么不能""凭什么不能"上。正确方法应该是"看看我们能够帮你做什么"，这样就避开了跟买家说不行、不可以。

6. 学会利用阿里旺旺自动回复功能

我们可以通过设置阿里旺旺自动回复功能提前把常用的句子保存起来，这样在忙乱的时候可以快速回复买家。比如欢迎词、不讲价的解释等，可以给我们节约大量的时间。如果暂时不在座位上，可以设置"自动回复"，不至于让买家觉得自己好像没人搭理，也可以在自动回复中加上一些自己的话语，都能起到不错的效果。

通过旺旺的状态设置，可以给店铺做宣传，比如在状态设置中写一些优惠措施、节假日提醒、推荐商品等。

（三）其他方面

1. 坚持自己的原则

在销售过程中，我们会经常遇到讨价还价的买家，这个时候我们应当坚持自己的原则。随便让步会给买家留下产品质量不好、经营管理不正规的感觉。

2. 凡事留有余地

在与买家交流中，不要用肯定、保证、绝对等字样，比如化妆品，本身每个人的肤质就不同，不能百分百保证你售出的产品在几天或一个月内一定能达到买家想要的效果。为了不让买家失望，最好不要轻易说保证。多给买家一点真诚，也给自己留有一点余地。

3. 认真倾听，再做判断和推荐

有的时候，买家常常会用一个没头没尾的问题来开头，比如"我送朋友送哪个好"或者"这个好不好。"此时，可以不急着回复他的问题，而是先问问买家是什么情况，需要什么样的东西。如果他自己也不是很清楚，你就要来帮他分析他的情况，然后站在他的角度来帮他推荐。

4. 表达不同意见时尊重对方的立场

当买家表达不同的意见时，要力求体谅和理解买家，表现出"我理解您现在的心情，目前……"或者"我也是这么想的，不过……"来表达，这样买家能觉得你在体会他的想法，能够站在他的角度思考问题，同样，对方也会试图站在你的角度来考虑。

5. 遇到问题时多检讨自己，少责怪对方

遇到问题的时候，先想想自己有什么做得不到位的地方，诚恳地向买家检讨自己的不足，不要上来先指责买家，而是应该反省自己有没有及时地提醒买家。

6. 沟通要耐心、细致，留住买家

也许很多卖家都有这样的经历，买家问询了 2 个小时、3 个小时甚至一个下午，但是最后买家说"谢谢了，我再考虑一下"。遇到这种情况时也不要着急，更不要当场谩骂，此时可以对买家说"希望下次有机会合作"。买家这次不买了，也许有其他什么原因。但是他一定会记我们的诚心，也许还会介绍朋友、邻居光临我们的店铺。服务好了，自然会有回头客的。

7. 经常对买家表示感谢

当买家及时完成付款，或者很痛快地达成交易，我们都应该衷心地对买家表示感谢，谢谢他这么配合我们的工作，谢谢他为我们节约了时间，谢谢他给了我们一个愉快的交易过程。

活动实施

同学们跟随张颖一起，分组讨论网店客服岗位应具备的知识能力以及工作技巧，从而形成正确的职业观。

活动评价

1. 活动经验分享。

（1）小组间分享活动成果和活动收获。

（2）谈谈对网店客服岗位的认识。

2. 教师总结点评，对表现突出的小组进行奖励。

活动二　实践网店客服

活动背景

好的客户服务会带给买家非常好的购物体验，可以有效地沟通与买家的感情，获得买家宝贵的意见，能使这些买家成为你的忠实客户，赢取更多回头客。明天"双十一"全民疯狂购，公司李经理叮嘱张颖，做好客户服务，扩大店铺影响，提升公司知名度和美誉度。

探究新知

一、做好销售客服，促成完美交易

商品发布到网上以后，买家通过各种渠道进入店铺，但是可能对自己想购买的商品在某种程度上抱有疑虑，希望通过直接咨询客服人员的方式来获取更细致和个性化的信息。那么作为客服人员应该如何在销售过程中做到热情、真诚细致的客户服务，以此打消买家顾虑达成交易呢？以下几个方面非常重要。

（一）开门热情迎客

热情迎客是一个客服的基本要求。所以当迎接买家时，轻声的问候、真诚的微笑是给买家的良好的第一印象，是成功沟通的基础。对比一下，图7-24是两个不同客服"开门迎客"的阿里旺旺记录，很明显，右图中的客服礼貌待客、热情感染，意味着交易成功了一半。

热情迎客要做到能够挖掘买家的潜在需求，按买家咨询的产品方向进行推荐，哪怕买家问的商品没有，也要留住他多看看其他产品，才有可能达成交易。

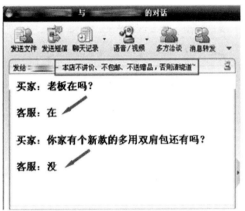 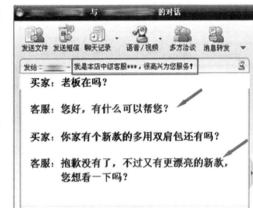

图7-24　不同的客服，不同的"开门迎客"

（二）耐心接待咨询

淘宝网店客服一般都是使用阿里旺旺接待买家咨询，因此，学会使用阿里旺旺的技巧很重要。

1. 充分利用阿里旺旺的"快捷短语"和"自动回复"功能

当客服暂时离开或是同一时间要接待多位买家咨询的时候，为了节约宝贵的时间，可以把买家咨询的相同问题的答案设置为快捷短语、自动回复。当采用自动回复的方式时，技巧方面要注意如何留住买家，告知优惠信息。比如有的网店提倡自助下单会有额外礼物，这样不需要太多咨询的买家就会直接下单购买。

2. 充分使用好阿里旺旺表情

在线沟通看不到表情，听不到声音，所以我们应该选择合适的、有正面积极意义的旺旺表情来为我们的沟通增色。

（三）积极推荐产品

通过前面接待咨询过程中的"问"和"察"，在大体了解买家的喜好和需求后，尤其当买家拿不定主意时，我们可以有针对性地进行产品推荐，客观地介绍产品。

1. 让买家听你说

在向买家推荐产品时，要站在买家的角度介绍自己要推荐的产品的优势，继而激起买家对商品的兴趣，并将产品按买家的兴趣方向推荐，这样更有可能促成交易。如图7-25所示。

2. 问出买家的心声

没有建立在沟通基础上的盲目

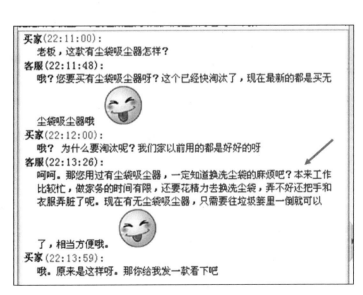

图7-25　让买家听你说

推荐是低效的。对比图7-26两种推荐方案，很明显右图中的客服在导购过程中，通过提问来巧妙地了解买家的信息，找真正适合他的购物习惯和需要的产品，从而激发买家的潜在需求，推荐的成功率才会更高。

图7-26　问出买家的心声

3. 不忘及时告知优惠活动

在客服导购过程中，在向买家推荐适合的产品当口，不忘及时推荐买家参与店铺活动，通过活动引导非强意愿买家购买，以留住更多买家。

（四）及时处理异议

作为一名成熟的客服人员，在和买家沟通过程中，遇到问题和异议，不慌张更不回避。要实事求是，直面问题，要尊重顾客，站在顾客的立场，及时、灵活地为其解答疑问，解决好异议，从而坦诚愉快地促成交易。如图7-27所示，客服面对买家针对价格的异议，不厌其烦地解释，并心理暗示买家与其实体店价格比较，从而巧妙地消除了顾客的疑虑。

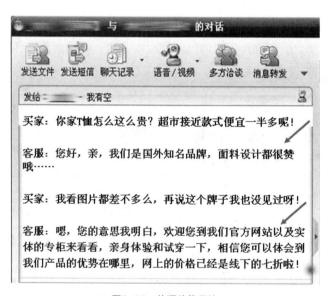

图7-27　处理价格异议

？【做一做（想一想）】

在沟通过程中，买家一般会对商品的价格提出异议，进行讨价还价。事实告诉我们，讨价还价的过程可能直接影响乃至决定交易的成功。作为网店经营者和客服必须掌握哪些讨价还价的策略和技巧呢？

（五）掌握买家心理，促成交易

当消除顾客各种疑虑后，我们还要进一步掌握买家的消费心理，挖掘其消费需求，针对不同类型的买家，要以专业卖家的身份，有针对性地通过沟通激起买家的购物欲望，有针对性地巧妙地向买家推荐产品，从而得到更多的订单。如针对求实心理需求的买家，我们在产品描述沟通中要突出产品"实惠""耐用"等字眼。图7-28这个案例，买家是真的嫌功能多吗？他所要的性价比高，并不是指的价格也高。很显然，客服错误地理解了买家需求，推荐造成了反作用。

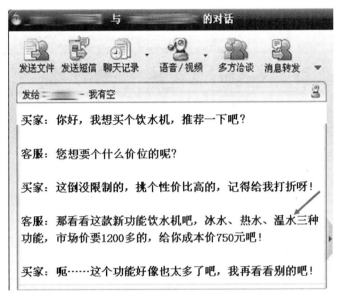

图7-28　错误理解买家心理需求的推荐

（六）确认订单

交易成功后，确认订单也是很重要的步骤，尤其是买家所购商品和收货地址的确认。如图7-29所示。因为这样能减少差错率。但这一环节又是我们常忽略的，很多有问题的产品和后来的售后纠纷就是由于没有确认一下订单而导致的。确认订单可以通过旺旺确认，也可以通过邮件的方式确认。

在与顾客核实购物清单与收货地址时，如果顾客需要修改地址，要及时标注在备忘录里。如果买家有特殊要求（如要求指定申通快递），只要是能办到的情况下，卖家也应该积极帮助，让买家感受到你真诚细致的服务，会使他以后再次光顾。

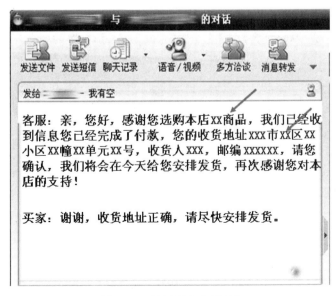

图7-29　确认商品和收货地址

（七）礼貌告别、下单发货

礼貌告别、下单发货不仅是一次沟通与成交的良好收尾，同时也是赢取下一次更多回头客的良好开端。做一次完美交易，维系老客户，发展潜在客户，这是每个网店客服工作的努力目标。

对于已成交的买家，礼貌地告别，可以预祝合作愉快，请他耐心等待收货，如有问题可以随时联系，用语礼貌、关怀有加的告别会给买家留下良好的印象，如图7-30所示。对于没有立即成交的买家，可以祝愿对方购物愉快，并诚恳地表达为他提供服务很高兴的心情，如有必要，可以加对方为旺旺好友（包括已成交的买家），以便将来进行客户管理和跟进。

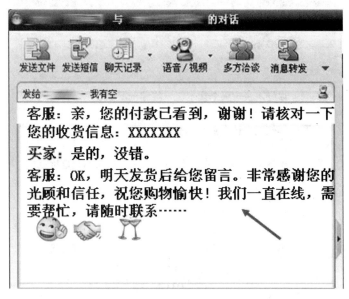

图7-30　礼貌告别

最后进入下单发货的流程，把订单传到库房前要注意再次审单和确认。要认真按照系统程序操作，包括核对订单、添加备注、系统审单、最终下单，从而减少差错率。

二、做好网店售后服务

售后服务是整个交易过程的重点之一。售后客服是一项长期的、注重细节的工作，直接决定网店的品牌形象及买家对网店的服务印象。很多店家都清楚，维护好一个老客户比新开发十个新客户都重要，那么如何才能做好售后服务呢？

（一）树立售后服务观念

做好售后服务，首先要树立"客户是上帝""真诚为客户服务"的理念。通过服务与买家建立感情，增进了解，增强信任。有了感情和信任，买家会把他们认为很好的卖家推荐给更多的朋友。

（二）交易结束及时联系

产品成交后，卖家应主动和买家联系，避免由于没有及时联系成交的买家而流失掉，可以发送自己制作的成交邮件模板或者旺旺信息给买家以及时保持联系。

（三）买家款到详细记录

网上购物的买家来自五湖四海，使用的汇款方式不尽相同，汇款的时间也会有很大的差异，对于卖家来讲，一定要及时记录下买家关于汇款的相关内容，包括汇款到达的时间、买家汇入的银行、汇入的金额等。当遇到买家出价不买的情况，卖家可以发送一封自己撰写的提醒邮件给买家，这会起到一定的效果。

（四）商品包装、发货和物流跟踪

买家付款后，要尽快包装好商品，安排好快递或物流公司发货，并及时通知买家，发货后要注意随时跟踪物流去向，如有意外要尽快查明原因，并向买家解释说明。

（五）交易结束如实评价

交易结束要及时评价，信用至关重要，不论买家还是卖家都很在意自己的信用度，及时在完成交易后做出评价，会让其他买家看到自己信用度的变化。

如果买家没有及时地做出评价，可以友善地提醒买家给你做出如实的评价，因为这些评价将成为其他买家购买你的产品前重要的参考。

（六）认真对待退换货

在商品包装发货之前要认真审查订单，不要发错货，也不要发出残次品。在遇到买家要求退换货时，先不要去追究谁的责任，此时客服说话语气要温和，先让买家的不安情绪稳定下来，之后再详细记录买家要求退换货的原因，分析问题出在哪里，责任方是谁。并让买家对产品进行拍照后发电子图片给我们，经协商后要对退货产品进行备案并注明退货原因。处理好买家的退换货问题，有可能这个买家以后会成为卖家的忠实客户。

（七）平和心态处理买家投诉

任何卖家都不可能让买家百分百满意，都有可能发生客户投诉。处理买家投诉是倾听他们的不满、不断纠正卖家自己的失误、维护卖家信誉的补救方法。处理得当，不但可以增进和巩固与顾客的关系，甚至还可以留住顾客，促进销售的增长。当然不同的投诉问题，卖家处理方法也不尽相同。

（八）维护好客户关系，发展潜在的忠实买家

交易结束后，也不能就此冷落买家，对买家不闻不问。卖家可以适时发出一些优惠或新品到货的信息，以吸引回头客；每逢节假日用短信或旺旺发一些问候用语，会增进彼此的感情，从而使其成为忠实的买家。

三、应对买家投诉

任何一家店铺在销售服务过程中，难免会出现买家投诉现象，尤其是随着店铺交易规模的扩大，买家的投诉必然也会增加。因此，处理买家投诉是店铺经营管理过程中客服工作的一项重要内容。积极正确地处理买家投诉，不仅能提高买家的满意度，也能为店铺留住更多的买家。

（一）要重视买家的投诉

在面对买家投诉的时候，要站在买家的立场上将心比心。要认识到抱怨和投诉的买家是对卖家有期望的买家。处理好买家投诉不仅可以促进卖家与买家之间的沟通，而且还可以诊断卖家内部经营与管理所存在的问题，利用买家的抱怨与投诉来发现店铺需要改进的地方。

（二）要快速反应，及时道歉

处理买家抱怨和投诉时动作要快，接到买家的投诉和抱怨信息时，应立即向买家了解具体情况，想好处理方案，及时给予买家答复。当出现买家投诉事件时，卖家首先必须主动向买家道歉，让买家知道，自己因为给买家带来不便而感到抱歉，即便不是卖家的过错，卖家也要第一时间向买家道歉。这样可以让买家感觉到被尊重，同时表示卖家解决问题的诚意，还可以及时防止买家的负面宣传造成更大的伤害。

（三）要态度友善，语言得体

态度诚恳友善，会促进买家平稳心绪，理智地协商解决问题。反之，如果在处理过程中态度不友好，甚至针锋相对，势必恶化与买家之间的关系。在解决问题的过程中，要措辞得当，用关心的语言给买家以安慰，对买家的感受表示理解和同情。要用婉转的语言与买家沟通，即使是买家存在不合理的地方，也不要过于冲动，否则只会使买家失望。

（四）要耐心倾听，确认事件发生的原因

面对买家的投诉，不要轻易打断买家的抱怨，不要批评买家的不足，更不要与其发生争辩，那只会火上浇油，适得其反。在实际处理过程中，我们要耐心倾听买家的抱怨，从买家的抱怨中找出买家投诉的真正原因以及买家对于投诉期望的结果，从而有针对性地找到解决问题的办法，确保投诉顺利解决。

（五）正确及时解决问题，提出补救措施

针对买家的投诉，我们要提出正确的解决方案，及时解决买家投诉的问题。客服人员在提供解决方案时要注意：第一，要为买家提供选择。通常一个问题的解决方案不是唯一的，给买家提供选择会让买家感受到被尊重，同时，买家选择的解决方案在实施的时候也会得到来自买家自己更多的认可和配合。第二，要适当地给买家一定的补偿，如维修、更换商品、退货、赠送产品和优惠券等，多一点补偿，买家得到额外的补偿，会感受到卖家的诚意，下次还会再来的。

（六）通知买家，及时跟进

对于较复杂的投诉事件，需要详细询问买家问题的缘由与过程，做详细记录，并给予买家确定的回复时间，让买家感到放心。处理完买家的投诉之后，应与买家积极沟通，及时跟踪服务，了解买家对于卖家处理的态度和看法，提高买家对卖家的忠诚度。

四、反省对待买家中差评

网上开店如何保持网店的好评率非常重要也很关键。因为买家来到我们店铺，首先看到的就是店铺的信誉，如果信誉低了，可能就走了。卖家做生意时间久了，和不同的人打交道，因为多方面的原因可能会得到买家的中评或者差评。

（一）常见网店中差评的原因

1. 物流问题

发货不及时，快递延迟，派送服务不好。

2. 服务问题

客服响应速度慢，服务态度差，沟通中一些细节的误会。

3. 质量问题

商品瑕疵，质量不好，商品与描述不符。

4. 买家操作失误

评价内容为好评，买家习惯性地中差评。

5. 恶意中差评

非正常理由要求卖家给其优惠，商品不满意要求退货换好评，同行恶意竞争等。

（二）如何有效预防中差评

1. 严把商品质量关

任何时候卖家都要把质量摆在网店经营的重要位置，以质量求生存。进货时把好质量关，上架前严格检查，发货时再检查，保证销售给买家的是一个完美的高质量商品。

2. 做好售前售中商品介绍

在销售过程中，作为卖家来说，不仅要在商品和图片描述说明方面要实事求是、详细全面，也要在买家咨询过程中做好客观介绍，提醒买家注意商品规格、价格、色差等细节，让买家考虑清楚后再拍下购买，这样，出现中差评的情况就会少很多。

3. 良好的售后服务

商品卖出以后，首先要做到商品包装完好，让买家拿到货后有一个很好的感觉。其次要保证送货及时准确，避免忘发货、少发货、发错货，在发货前，最好通过阿里旺旺或站内信确认一下，出现快递延迟情况时，要第一时间与买家沟通，及时解决，取得对方谅解。对于买家来说，这些都会让他们觉得卖家售后服务做得很好，他是被重视的。

4. 对待买家要热情

在销售服务过程时，有时客服接待人数较多，没有及时回复买家，引起买家对客服的不满意，这个时候要礼貌地说明情况，要善于利用旺旺的表情营造一个轻松愉快的对话氛围。这样对买家的礼貌热情，买家给中差评的机会就很少。

5. 申诉消除恶意差评

如果遇到恶意差评的，可以拨打淘宝客服电话进行申诉，截图留下所有交易、聊天证据，注意确保证据的一致性，并确认对方唯一身份，淘宝受理后会消除这种恶意差评。

（三）正确处理顾客的中差评

1. 勇于面对，自我反思

碰到中差评，卖家不要生气，也不要去埋怨批评买家，卖家首先要自我反思，检查自己哪个方面做得不好，如果真的是自己的过失或有工作不到位的地方，要勇于承担责任，并真诚道歉，大多数买家是通情达理的，也许这个评价就可以取消。

2. 及时沟通，客观解释

面对非好评，卖家要第一时间联系沟通买家，以谦逊的态度，站在买家的立场，分析中差评的原因，针对出现的问题给出合理的解释，给买家一个满意的答复。如果卖家不理不睬也不给出解释，时间拖得越久，解决的可能性就越小，付出的补偿可能更大，挽救成回头客的可能性就越小。

3. 分析买家类别，区别对待

如新手买家，他们对网络交易还很陌生，对卖家缺乏信任，往往在你发货后不及时确认货款，不给评价，或者不联系卖家随便给中差评等。对于这类买家，我们要多引导，通过言语沟通建立信任，事先解释清楚需要买家配合的环节，达成共识才能愉快交易，因为这一类的买家多半还是好买家，他也有可能成为你的忠实买家。

4. 引导买家修改中差评

很多中差评在跟买家沟通后都能得到修改。卖家收到中差评时，不应盲目地抱怨甚至投诉买家，这样会火上浇油，使问题没有解决的余地。如果卖家确实有过错，应诚恳地向买家道歉，并提出补救措施，在与买家达成一致意见后，卖家就可以提出修改要求，例如，"我有个小小的请求，您能否为我修改一下评价？真的很感谢您为我们提了很好的建议和意见，希望以后多多合作。"通常买家不会因此一点小事而伤了和气，一般会同意修改评价。

五、维护好客户关系

网店中维护客户关系是非常重要的，一门生意主要取决于新客户的消费和老客户的重复消费。不管是否已经成为客户，都应该重视他，让客户感受到愉快的消费和满意的服务。这样才能留住老客户，才会有回头客。

（一）做好营销服务

商家应当重视客户，树立"以客户为中心"的经营服务理念，做好质量营销，强化与客户的日常沟通，建立与客户的良好关系，留住老客户，发展潜在的新客户。

（二）建立客户档案

建立客户档案，将来可以随时查询顾客的消费记录和会员折扣，可以从他们的购物清单和购物频率上分析顾客的消费习惯以及消费心理，以便及时跟进各种促销宣传，或者是设计推出顾客感兴趣的优惠活动。

可以使用一些如"网店管家"一类的专业网店管理软件来建立客户档案，也可以自行设计一个Excel表格来录入客户资料，需要列明的项目主要有交易日期、顾客账号、真实姓名、电子邮箱、联系电话、收货地址、购买商品、成交金额、购物赠品、会员级别等。

（三）有效管理维护客户

我们可以利用淘宝网的钱掌柜软件来设置客户级别。客户根据不同的交易金额和交易笔数，享受相应的会员优惠折扣，在交易金额和交易笔数里，只要客户满足其中一条，就能享受对应的优惠折扣，这也是培养老客户和增加店铺吸引力的有效方法。

（四）要及时客户回访

定期对客户进行回访，通过提供超出客户期望的服务来提高客户对商家或产品的美誉度和忠诚度，从而创造出新的销售机会。回访中，可以巧妙地推出促销活动通知，从而抓住客户，创造出更好的销售业绩。

（五）记得时时客户关怀

在重大节日、顾客生日等时间点向他们传达问候和祝福，通过这些售后关怀来使商品和企业的服务行为增值，借助老客户的口碑来提升新的销售增长，这也是客户开发的有效的方式之一。

▌▌ 活动效果

网店客服最能体现商家对客户利益的关心，也最能树立店铺人情味良好服务的窗口形象。张颖对此很有感触，沟通服务从心开始是商家成功经营的基础。在公司领导和同事的指导帮助下，短短数月的学习和行动，张颖对自己的专业知识进行了再次充电，业务技能日臻成熟。明天就是"双十一"了，张颖充满期待……

▌▌ 实战训练

模拟客服场景

【实训目标】

优秀的客服需要从各方面进行规范加强。其中对客服用语的规范使用，可以增加买家对店铺的好感，从而转化为订单。

【实训内容】

客服是店家的门面，是与买家交流的窗口。一个好的客服知道什么该说什么不该说。下面是10种常见的客服场景，同学们根据这些场景模拟出相应的对话内容。

（1）欢迎语（顾客如沐春风）。

（2）回复（顾客询问是否有货）。

（3）对话（顾客求推荐）。

（4）议价的对话（顾客说价格高了）。

（5）支付的对话（顾客初次网购，不懂支付操作）。

（6）物流对话（顾客担心包装是否完好、快递速度太慢、发错货）。

（7）提问（顾客其他问题，如质量有保证吗？有赠品吗？）。

（8）售后对话（关心一下你的客户）。

（9）评价对话（期望顾客好评，假如顾客给你差评了）。

（10）运费说明（顾客要求免邮费）。

以上客服场景对话内容要结合本项目中公司的实际情况：美姿电子商务服务有限公司是一家主营女装的电商企业，目前公司拥有淘宝、天猫、京东三大平台上的共10家店铺，日访问量上万次，月销售订单近3万件，销售额约600万元。

【完成任务】

（1）全体同学以小组为单位，4人一组，教师说明实训内容，分配实训任务。

（2）分组模拟客服场景，现场记录模拟客服对话内容。

（3）将各组客服场景对话内容组织成条理清晰的文字，写在Word文件中。

（4）组内讨论交流，谈谈客服与买家沟通时要注意哪些技巧。

（5）讨论交流结束，教师点评，提出相关合理化的建议，任务完成。

项目总结

本项目以电子商务专业毕业生张颖求职工作的情景案例引入，讨论了"95后"毕业生怎样关注社会人才需求、成功求职，如何对接电子商务岗位、完成各项工作等问题。

本项目以三项任务为基础，分别重点介绍了目前社会电子商务主要岗位工作内容及职业要求，以及就职上岗后，应掌握的网店美工、网店推广以及客户服务等基本工作技能和技巧。通过学习，学生可锻炼个人职场工作能力，积累宝贵的实践经验，为在电商行业就业、创业奠定坚实的基础。通过学习本项目，我们得出一个基本道理：付出终有回报，技能确实重要。

项目检测

一、单项选择题

1. 在商品标题中，"数码相机"和"大码服装"都属于哪一类关键词？（　　）

A. 品牌　　　　　　　B. 属性　　　　　　　C. 促销　　　　　　　D. 评价

2. 在宝贝描述时，添加图片可以（　　），也可以点击文本框上方的图片插入工具进行图片插入。

A. 直接添加图片代码到文本框中　　　　B. 直接将图片复制粘贴在文本框中

C. 直接截图到文本框中　　　　　　　　D. 直接将图片拖入文本框中

3. 淘宝提供给卖家具有比较有特色功能的展示/推荐宝贝的位置之一是（　　）。

A. 店铺推荐　　　　　　　　　　　　　B. 阿里旺旺推荐

C. 橱窗推荐　　　　　　　　　　　　　D. 商盟推荐

4. 经常更新文章吸引读者，培养粉丝，扩大潜在顾客群体的是哪一种推广方式？（　　）

A. 博客　　　　　　　B. 友情链接　　　　　C. 淘客　　　　　　　D. 电子邮件

5. 淘宝的每一家店铺有多少个友情链接位？（　　）

A. 10　　　　　　　　B. 25　　　　　　　　C. 35　　　　　　　　D. 不限

6. 为了不影响店铺动态评分，在客户服务过程中应重视服务态度，尽可能避免（　　）。

A. 交易纠纷　　　　　B. 退货　　　　　　　C. 退款　　　　　　　D. 换货

7. 作为一名客服人员，有顾客问："我身高163厘米，体重49千克，这件T恤哪个尺码合适我呢？"最佳的回复是哪个？（　　）

A. 亲，个人建议码S码的，如果您不放心可以具体看下详细的尺码表。

B. 亲，您好瘦啊，穿什么码的都合适。

C. 亲，个人觉得你还是自己选择吧，因为您最了解自己的身材。

D. 亲，您的身材很不错，这件T恤您穿S码会合适一些，小码比较显身材。但如果您平时喜好宽松一些可以选择M码。

8. 修改图片时保持图片比例需要按（　　）。

A. Shift　　　　　　　B. Ctrl　　　　　　　C. Alt　　　　　　　D. Tab

二、多项选择题

1. 以下可能导致宝贝上架失败的是（　　）。

A. 宝贝图片存在盗链　　　　　　　　　B. 宝贝属性没填

C. 宝贝品牌没填　　　　　　　　　　　D. 与其他宝贝上架时间重复

2. 下列淘宝商品标题涉及违规的有（　　）。

A. 标题："裸珠打造★极致成色10.11★顶级淡水珍珠项链★可媲美高档AKOYA"

B. 标题："正品 牛皮 包 时尚 保罗 鳄鱼 金利来 梦特娇 七匹狼包SJGQ19053"

C. 标题："韩版 T恤 衬衫 连衣裙/满 3 件包邮 手钩花显瘦V领毛衣小外套/901"

D. 标题："【7 年实体经验 正品行货 联保发票】诺基亚 N78 零售港行 欧版"

3. 图片拍好之后，发现有色差，通过哪些手段做调整（　　　　　）。

A. 曲线　　　　　　B. 对比度　　　　　　C. 色阶　　　　　　D. 钢笔工具

4. 网店装修一般包括（　　　　　）。

A. 店标　　　　　　B. 宝贝分类　　　　　　C. 公告栏　　　　　　D. 宝贝描述

5. 关于宝贝发布技巧，说法正确的有（　　　　　）。

A. 最好将宝贝同时发布

B. 上架商品距离结束的时间越近，在商品默认搜索中排的位置越靠前

C. 将橱窗推荐位用在即将下架的商品上

D. 商品选择在黄金时段内上架

6. 以下属于客户服务禁语的是（　　　　　）。

A. 我不能　　　　　　B. 对不起　　　　　　C. 我不会做　　　　　　D. 但是

三、判断题

1. 在淘宝的店铺装修中，无法加入背景音乐。（　　　　　）

2. 微博有140个字的长度限制，包含标点符号。（　　　　　）

3. 在淘宝网论坛上发帖或者站内短信必须遵守良好的社会公德和国家法律法规的规定。
（　　　　　）

4. 论坛营销很简单，每天多逛、多回答问题、多发些产品知识性帖子就可以产生销售。
（　　　　　）

5. 在网上交易成功后，买家收到货物，卖家收到货款，交易就此结束。（　　　　　）

四、简述题

1. 如何设置让网店宝贝标题更吸引人？

2. 当你在淘宝网上注册建立一个新网店后，可以采用哪些方法推广你的店铺？

3. 作为一名客服人员，与客户沟通需要哪些技巧？

五、实训题

微博推广

【实训目标】

了解微博推广的特点和技巧，学会在微博上策划促销活动。

【任务内容】

又一年"双十一"将至，一场全民购物狂欢即将开始。节日未到，营销需先行。营销的过程中必然离不开活动。在"双十一"即将来临之前，请同学们为自己最喜欢的一家淘宝店铺在微博上策划两场不同类型的活动（前提是这家淘宝店是有微博的）。为"双十一"预热的同时增加店铺流量。

项目8 知悉电子商务职业道德与法律

项目概述

张小雷是一名职业学校即将毕业的电子商务专业学生，在当前严峻的就业形势下，他对自己的职业规划产生了怀疑。原来，他之前在实习时选择的是一家电子商务公司的运营职位，但后来他发现周围很多人都在做海淘、代购等业务，看起来要比自己的工作轻松又赚钱。看到朋友圈里各种微商创业成功的案例，张小雷有些心动，但他又听说最近国家出台并实施了一部规范电子商务行业的《中华人民共和国电子商务法》，似乎对微商、代购等有很大影响。张小雷既有创业的热情，同时对可能面临的风险又感到恐惧，一时陷入两难的境地，到底该如何选择适合自己的就业岗位呢？微商是否真的能轻松赚钱呢？代购以偷逃税款而获取的低价商品是合法的吗？

带着这一系列的困惑，张小雷决定抓紧时间通过网络、图书等资料了解清楚目前电子商务就业的行业情况，以免影响自己的就业前景。

认知目标

1. 了解电子商务行业职业道德的基础知识。

2. 理解各类电子商务法律规定的行业准则。

3. 掌握《中华人民共和国电子商务法》的重点条例。

技能目标

1. 能遵守电子商务职业道德。

2. 会解读《中华人民共和国电子商务法》带来的新变化。

3. 能使用电子商务法律分析和解决问题。

素养目标

1. 培养基本的法律意识和职业道德素养。

2. 提升独立思考和探究的能力。

3. 激发自主择业的工作热情。

任务一　熟悉电子商务职业道德

任务描述

在图书馆里查找资料时，张小雷发现，在介绍电子商务就业岗位时，每本书都会提到岗位的职业道德精神，为什么职业道德被放在这么重要的位置呢？又有哪些职业道德在从业时是电子商务人员必须遵守的呢？张小雷决定一探究竟。

任务分解

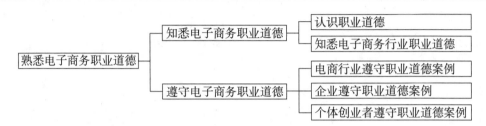

图8-1　熟悉电子商务职业道德框架图

活动一　知悉电子商务职业道德

为了选择适合自己的就业岗位，张小雷对各类电子商务从业人员的岗位都做了调查和分析，虽然岗位不尽相同，但每份资料里都包含了对职业道德的描述和重视。张小雷感到很新奇，自己以前在学校里虽然上过职业道德课，但对于电子商务行业的职业道德并没有仔细研究过，于是他从职业道德入手，以便后续更好地进行职业规划。

一、认识职业道德

（一）职业道德的含义

广义的职业道德是指从业人员在职业活动中应该遵循的行为准则，涵盖了从业人员与服务对象、职业与职工、职业与职业之间的关系。

狭义的职业道德是指在一定职业活动中应遵循的、体现一定职业特征的、调整一定职业关系的职业行为准则和规范。不同的职业人员在特定的职业活动中形成了特殊的职业关系，包括了职业主体与职业服务对象之间的关系、职业团体之间的关系、同一职业团体内部人与人之间的关系，以及职业劳动者、职业团体与国家之间的关系。

（二）职业道德的主要内容

《公民道德建设实施纲要》（学习读本）中提出了职业道德的主要内容是爱岗敬业、诚实守信、办事公道、服务群众、奉献社会。

爱岗敬业是指对自己的职业、自己的工作认真负责，热爱自己的本职工作，为实现职业的目标而奋斗努力。诚实守信是指实事求是地为人做事，讲信用、守诺言，这是职业道德的基本准则。办事公道是指处理各种职业事务时要公道正派、客观公正、不偏不倚、公平公开，对不同的对象一视同仁，不区别对待。服务群众是指听取群众意见，了解群众需要，端正服务态度。奉献社会就是要履行社会对他人的职业义务，自觉努力地为社会、为他人做出贡献。

（三）职业道德的作用

职业道德的作用是调节职业交往中从业人员内部以及从业人员与服务对象间的关系，有助于维护和提高本行业的信誉，促进本行业的发展，有助于提高全社会的道德水平。

二、知悉电子商务行业职业道德

（一）坚持原则、忠于职守

职业道德的一条主要规范就是忠于职守。作为电子商务人员，忠于职守就是要忠于电子商务这个特定的工作岗位，自觉履行电子商务人员的各项职责，要有强烈的事业心和责任感，坚持原则，注重社会主义精神文明建设，反对不良思想和作风。

（二）求实务新、勤劳踏实

电子商务的工作性质决定了从业人员不仅要在理论上有一定的造诣，还要具有实干精神，能够脚踏实地、埋头苦干、任劳任怨，能够围绕电子商务开展各项活动。

（三）谦虚谨慎、秉公办事

电子商务人员要谦虚谨慎、办事公道，对领导、对群众都要一视同仁，秉公办事，平等相待。切忌因人而异，亲疏有别，更不能趋附权势。只有谦虚谨慎、公道正派的电子商务人员，才能做到胸襟宽阔，在工作中充满朝气和活力。

（四）廉洁奉公、正直诚信

廉洁奉公是电子商务职业活动能够正常进行的重要保证。廉洁奉公是高尚道德情操在职业活动中的重要体现，是电子商务人员应有的思想道德品质和行为准则。它要求电子商务人员在职业活动中坚持原则，不利用职务之便或假借领导名义谋取私利。要以国家、人民和本单位的整体利益为重，自觉奉献，不为名利所动，正直诚信，以自己的实际行动抵制和反对不正之风。

（五）恪守信用、严守机密

电子商务人员必须恪守信用，维护企业的商业信用，维护自己的个人信用。要遵守诺言，遵守时间；言必信，行必果。严守机密是电子商务人员的重要素质。

（六）实事求是、端正思想

电子商务人员要坚持实事求是的工作作风，一切从实际出发，理论联系实际。电子商务人员无论是搜集信息、提供意见、拟写文件，都必须端正思想，坚持实事求是的原则。

（七）提升自我、勤奋学习

电子商务人员要求有广博的知识，做一个"通才"和"杂家"。作为电子商务人员，对自身素质的要求应更严格、更全面，甚至更苛刻一些。因此，电子商务人员必须勤奋学习、刻苦钻研，努力提高自身的思想素质和业务水平。

活动小结

通过阅读相关资料，张小雷了解到电子商务行业因其工作的特殊性，和其他行业相比，有很多必须遵守的职业道德。自己之前没有留意过这方面的知识，以后在从业时一定要时刻提醒自己，做一个有职业道德素养的人。

活动二　遵守电子商务职业道德

在发现电子商务行业需要遵守许多条职业道德之后，张小雷觉得自己对这些概念的认识还不够深刻，他需要从现实案例中找寻思路，以便加深对职业道德的印象，防止今后就业时触碰到道德底线。

一、电商行业遵守职业道德案例

在浙江省杭州市消费者权益保护委员会、杭州市市场监督管理局共同举办的"纪念315国际消费者权益保护日"活动中，杭州市10家跨境电子商务企业联合向全市跨境电子商务企业发起倡议：倡导跨境电子商务企业遵守法律法规，依法规范经营。强化守法意识，公平参与竞争，加强法律法规、纠纷调解、消费维权的学习和培训，把依法规范经营理念贯穿经营全过程；自觉接受政府部门、社会组织、新闻媒介和消费者的监督，不断提高规范经营水平。

发展行业自律，倡导诚信经营。参与跨境电商行业自治组织建设，培育行业自治体系，完善诚信协议、交易制度、消保维权、售后服务等行业规则，共同营造跨境电商诚信经营氛围，包括严格资质审查、加强商家管理、依法履行第三方跨境电商服务企业主体责任，加强对平台网店等服务对象的主体身份及资质审查，通过全国企业信息公示平台等方式，确保经营主体及资质合法，并依法亮证亮照；加强平台网店等服务对象的经营行为管理，及时向监管部门报告，必要时停止提供服务等。

同时，10家倡议发起企业郑重承诺：从自身做起，抵制假货，完善跨境网络交易规则，提供优质售后服务，维护跨境消费者的合法权益，努力成为跨境电子商务企业的行业表率，通过实际行动，保证跨境电商行业健康持续发展。

二、企业遵守职业道德案例

2017年4月7日，阿里巴巴集团廉正合规部发布处罚公告，宣布永久关闭平台上36家以不正当手段谋取利益的商家店铺。这是该部门连续第三年发布此类封杀令，通过定期清退违规店铺，重申持续透明反腐决心。

"正如阿里巴巴集团CEO张勇所说，阿里巴巴经济体是透明的、实打实的经济实体。透明是一种能力，更是一种承诺。今后我们将一如既往坚决对腐败说不，让灰色在阳光下无处藏身，推动生态体系健康发展。"

据披露，2016年2月至今，阿里巴巴集团旗下各平台共有36家店铺因采取不正当手段谋求小二"照顾"被永久关店。这些店铺试图通过"潜规则"甚至违法犯罪手段谋求不正当利益，违背了诚信经营原则，依规被永久关闭，情节严重的还被追究法律责任。

据介绍，阿里巴巴集团在诚信制度建设上坚持"内外兼修"。对外，通过制定平台规则，鼓励商家诚信经营，为千万中小商家的创业、发展提供公正透明的商业环境。对内，倡导诚信文化以及开展反舞弊调查，在查处内部腐败的同时推进业务机制完善。据廉正合规部有关负责人介绍，目前阿里巴巴集团有近5万名员工，分布国内及海外多地，廉正诚信文化和商业行为准则是每个人入职阿里巴巴集团的"必修课"，也是每年必考核的评估考核项目。该负责人强调，商家一旦发现阿里巴巴集团的员工存在任何违规行为，可随时通过阿里巴巴廉正举报平台举报。

三、个体创业者遵守职业道德案例

多年前失业下岗，人生路彷徨徘徊之后，鼓足勇气，走上电商路，凭着多年的努力，为满足客户需求上下求索，诚信经营，山东省枣庄市薛城区沙沟镇的40岁农民张磊走出了自己的电商致富路。

"微山岛陈大姐土特产"淘宝网店是张磊和孙静夫妇在2014年创建的，主要销售枣庄地区特色农产品。目前，该网店主要经营面食系列：菜煎饼专用饼、手工煎饼、馒头、杂粮。特色系列：微山湖湖产品、鱼酱、酱菜。保健食疗系列：葱根、绿豆皮等。

在张磊的心中，做电商想要销路好，最关键的是"诚信"。生在农村，长在农村，张磊对农村市场和农产品最熟悉不过。在经营过程中，张磊立足于做"绿色产品""手工制作"。对于客户提出的问题和要求，他做到有问必答；对于电商上做得不好的细节，他有错必改，直到客户满意。

某日，张磊发送给广东的菜煎饼专用饼，客户在收到货后，发现饼已经变质。客户把这一问题反映出来后，张磊立即查阅物流信息，发现是发货后货物在途中多耽误了两天。但是，不管责任在谁，绝不能让客户承担损失，张磊毫不犹豫地给客户补发了货物。客户知道原因后要求和张磊共同承担责任，被他坚决拒绝了。从此，客户对他的产品更加青睐了。从一穷二白做起，张磊的"微山岛陈大姐土特产"网店的经营范围逐步扩大，卖出的产品越来越多，收到的好评也越来越多，新客户、回头客也越来越多。

活动小结

在搜集了各类电子商务职业道德案例后，张小雷发现，无论是个体创业者还是企业，乃至整个电子商务行业，都在实际运营中遵守着电子商务职业道德。一旦违反道德底线，小则无法维持日常经营，严重者将会受到法律的制裁。

任务二　知悉电子商务法律

　　张小雷在探索电子商务职业道德规范时发现，一些不法分子不仅违反了职业道德，更因触犯了电子商务法律而受到了严惩。那么具体有哪些电子商务法律呢？电子商务法律又规定了哪些行业准则呢？

■■■ 任务分解

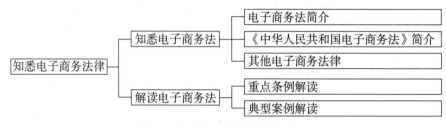

图8-2　知悉电子商务法律框架图

（⚫）活动一　知悉电子商务法

　　张小雷一直很羡慕朋友圈里的微商和代购，似乎只需要动动手指就能赚取大把财富。但最近听说有部电子商务法的实施使得很多代购都放弃了原本的职业，这到底是怎么回事呢？张小雷还能从事这类职业吗？

知识链接

电子商务法律问题包含13类：

1. 电子商务运作平台建设及其法律地位问题。

2. 在线交易主体及市场准入问题。

3. 电子合同问题。

4. 电子商务中产品交付的特殊问题。

5. 特殊平台的电子商务规范问题。

6. 网上电子支付问题。

7. 在线不正当竞争与网上无形财产保护问题。

8. 在线消费者保护问题。

9. 网上个人隐私保护问题。

10. 网上收税问题。

11. 网上知识产权保护问题。

12. 虚假信息和垃圾邮件发布。

13. 在线交易法律使用和管辖冲突问题。

一、电子商务法简介

（一）电子商务法定义

电子商务法是指以电子商务活动中所产生的各种社会关系为调整对象的法律规范的总称。

广义的电子商务法，与广义的电子商务概念对应，它包括了调整所有以数据电信方式进行的商事活动的法律规范，其内容极其丰富，至少可分为调整以电子商务为交易形式和调整以电子信息为交易内容的两大类规范。

狭义的电子商务法，指以数据电信为交易手段而形成的因交易形式所引起的商事关系的规范体系。狭义概念实质上是解决电子商务交易的操作规程问题的规范，集中于诸如计算机网络通信记录与电子签名效力的确认、电子鉴别技术及其安全标准的选定、认证机构及其权利义务的确立等方面。

（二）电子商务法基本原则

1. 功能等同原则

基本含义为电子单证、票据或其他文件与传统的纸面单证、票据或其他文件具有同等的功能时就应当肯定其法律效力并在法律上同等对待。

2. 媒介中立原则

该原则也被称为"媒介中性原则"，是指法律对于交易是采用纸质媒介还是采用电子媒介（或其他媒介）都应一视同仁，不因交易采用的媒介不同而区别对待或赋予不同的法律效力。

3. 技术中立原则

该原则也被称为"技术中性原则"，是指法律对电子商务的技术手段一视同仁，不限定使用或不禁止使用何种技术，也不对特定技术在法律效力上进行区别对待。

4. 最低程度原则

该原则是指电子商务立法仅是为电子商务扫除现存的障碍，并非全面建立一个有关电子商务的新的系统性的法律，而是尽量在最小的程度上对电子商务订立新的法律，尽可能将已经存在的法律适用到电子商务中。

5. 程序性原则

该原则是与最低程度原则紧密联系的一个原则。因为电子商务法的最低程度原则的要求，各国并不试图制定一部系统的电子商务法律，而是尽力将已经存在的法律适用到电子商务中。

（三）电子商务法立法范围

对电子商务立法范围的理解，应从"电子商务"的定义中包含的"商务"和"通信手段"两个方面考虑。

1. 电子商务法所涉及的商务范围

电子商务法涵盖电子商务环境下的合同、支付、商品配送的演变形式和操作规则；需要涵盖交易双方、中间商和政府的地位、作用和运行规范；也需要涵盖涉及交易安全的大量问题；同时，还需要涵盖某些现有民商法尚未涉及的特定领域的法律规范。

2. 电子商务法所涉及的通信技术范围

电子商务法涉及互联网、内部网和电子数据交换在贸易方面的各种用途等。虽然拟定电子商务法时经常提及比较先进的通信技术。如电子数据交换和电子邮件，但电子商务法所依据的原则及其条款也应照顾到适用于不太先进的通信技术，如电传、传真等。

二、《中华人民共和国电子商务法》简介

《中华人民共和国电子商务法》是政府调整、企业和个人以数据电文为交易手段，通过信息网络所产生的，因交易形式所引起的各种商事交易关系，以及与这种商事交易关系密切相关的社会关系、政府管理关系的法律规范的总称。

（一）立法进程

2000年12月，第九届全国人民代表大会常务委员会第十九次会议通过了《全国人民代表大会常务委员会关于维护互联网安全的决定》；2004年8月，第十届全国人民代表大会常务委员会第十一次会议通过了《中华人民共和国电子签名法》；2012年12月，第十一届全国人民代表大会常务委员会

第三十次会议通过了《全国人民代表大会常务委员会关于加强网络信息保护的决定》。

2013年12月7日，全国人民代表大会常务委员会在人民大会堂上召开了《中华人民共和国电子商务法》第一次起草组的会议，正式启动了《中华人民共和国电子商务法》的立法进程。

2014年11月24日，中国全国人民代表大会常务委员会召开电子商务法起草组第二次全体会议，就电子商务重大问题和立法大纲进行研讨。

2015年1月至2016年6月，开展并完成电子商务法草案起草。

2016年12月27日至2017年1月26日，电子商务法向全国公开电子商务立法征求意见。

2018年8月31日，中华人民共和国第十三届全国人民代表大会常务委员会第五次会议通过《中华人民共和国电子商务法》，该法律自2019年1月1日起施行。

（二）法律内容

《中华人民共和国电子商务法》共有7章89条，于2019年1月1日实施。很多条例堪称重磅，如淘宝、京东、拼多多等众多平台、微商领域的大量自然人经营者，将需要进行工商登记成为市场经营主体，进行依法纳税。

（三）法律作用

（1）为电子商务的规范发展提供了法律环境。

（2）促进新技术在电子商务中的广泛应用。

（3）有效地遏制了侵犯电子商务交易安全的行为。

（4）《中华人民共和国电子商务法》开创了我国电子商务立法的先河，对世界范围内的电子商务立法具有示范意义。

三、其他电子商务法律

（一）电子签名法律制度

1. 电子签名

电子签名是指数据电文中以电子形式所含、所附用于识别签名人身份并表明签名人认可其中内容的数据。主要包括以下内容。

（1）电子签名是以电子形式存在的数据。

（2）电子签名附着于数据电文。

（3）电子签名要能实现传统签名的基本功能。

因此，凡是在计算机通信中，能够起到证明当事人身份及当事人对文件内容认可的电子技术手段，都是电子签名。

2. 电子签名法

《中华人民共和国电子签名法》被认为是中国首部真正意义上的电子商务法，是为了规范电子签名行为，确立电子签名的法律效力，维护有关各方的合法权益而制定的法律。

（二）电子合同法律制度

1. 电子合同

合同是保障市场经济正常运行和促进贸易发展的重要手段，各国民法中，合同均指平等的当事人之间设立、变更终止民事权利义务关系的协议，反映了双方意思表达一致的法律行为。

电子合同的实现过程就是电子合同的文本（数据信息）以可读形式存储于计算机磁性介质上，该信息首先通过某一方的计算机进入内存，然后经过通信网络发送到对方计算机内存中。

电子合同旨在约定双方权利和义务的合同内容并无变化，意义和作用也没有发生质的改变，只是其载体和合同订立方式发生了改变。而这种新的变化可能影响这一新型合同形式的法律效力，带来一系列法律问题。

2. 电子合同法

电子合同法是双方或多方当事人之间通过电子信息网络以电子的形式达成的设立、变更、终止财产性民事权利义务关系的协议。

除了上述电子签名法、电子合同法以外，电子商务法律还包括知识产权法律制度、消费者权益与隐私保护法律制度等多种规范电商行业的法律。

活动小结

通过查找资料，张小雷发现电子商务法律一直在不断完善中，很多之前不够规范的、在法律边缘游走的行为也逐渐被明确规定了相关准则。比如微商和个体代购不能随意在朋友圈卖低价产品，而是要进行工商登记成为市场经营主体，产品也需要进行依法纳税。这样一来，代购的利润可能就没有那么可观了，甚至其合法经营都是问题。

◉ 活动二　解读电子商务法

作为电子商务从业者，张小雷对最新出台的《中华人民共和国电子商务法》产生了兴趣。原来，这部法律对现代电子商务行业中产生的一些问题都做出了规定，这对于陷入就业选择困境的张小雷来说，有着指导性的意义，因此他认为非常有必要仔细研读。

一、重点条例解读

（一）微商、直播销售等列入电商范畴

随着电子商务的快速发展，国民的购物方式已经发生翻天覆地的变化，各种销售不仅仅存在于淘宝、京东等电子商务平台上，利用朋友圈、直播等方式的销售层出不穷。《中华人民共和国电子商务法》明确：微商等被列入电子商务经营者范畴，受该法约束。

《中华人民共和国电子商务法》所称电子商务经营者，是指通过互联网等信息网络从事销售商品或者提供服务的经营活动的自然人、法人和非法人组织，包括电子商务平台经营者、平台内经营者以及通过自建网站、其他网络服务销售商品或者提供服务的电子商务经营者。

（二）淘宝个体等需进行市场主体登记

之前，个人开网店不需要进行工商登记，很多微商的进驻几乎是零门槛。今后，电子商务经营者应依法办理市场主体登记。

电子商务经营者应当依法办理市场主体登记。但是，个人销售自产农副产品、家庭手工业产品，个人利用自己的技能从事依法无须取得许可的便民劳务活动和零星小额交易活动，以及依照法律、行政法规不需要进行登记的除外。

（三）"刷好评"行为将被禁止

"亲，给个五星好评吧，返 2 元红包！"网购中，部分卖家在评论上做起文章，一方面利用"小恩小惠"诱导消费者给好评，另一方面购买"水军"刷好评，这样的行为将被禁止。

电子商务经营者应当全面、真实、准确、及时地披露商品或者服务信息，保障消费者的知情权和选择权。电子商务经营者不得以虚构交易、编造用户评价等方式进行虚假或者引人误解的商业宣传，欺骗、误导消费者。

（四）网络搭售商品不得设置为默认

买机票搭个"专车"接送，订酒店搭个按摩放松……看似贴心的服务，有些却是默认搭售，让消费者在不知情的情况下就购买了。

电子商务经营者搭售商品或者服务，应当以显著方式提请消费者注意，不得将搭售商品或者服务作为默认同意的选项。违反上述规定者，由市场监督管理部门责令限期改正，没收违法所得，可以并处五万元以上二十万元以下的罚款；情节严重的，并处二十万元以上五十万元以下的罚款。

（五）"双十一"快递不可以无限延期

每到"双十一"，网购商品迟迟未到总会让很多用户备感焦急。卖家应约定交付时间，并承诺运输中的风险与责任。

电子商务经营者应当按照承诺或者与消费者约定的方式、时限向消费者交付商品或者服务，并承担商品运输中的风险和责任。但是，消费者另行选择快递物流服务提供者的除外。

（六）共享单车押金难退？不得设置不合理条件

网上订酒店、骑共享单车等，往往需要消费者先交纳部分押金，但随着电子商务发展，押金退还问题逐渐凸显出来。有些品牌的共享单车押金难退的问题，受到了全国各地多家媒体的关注。

电子商务经营者按照约定向消费者收取押金的，应当明示押金退还的方式、程序，不得对押金退还设置不合理条件。消费者申请退还押金，符合押金退还条件的，电子商务经营者应当及时退还。违反上述规定者，由有关主管部门责令限期改正，可以处五万元以上二十万元以下的罚款；情节严重的，处二十万元以上五十万元以下的罚款。

（七）"京东自营""天猫自营"等应标明

在天猫、京东等电商平台上，消费者经常会看到"自营"的标示。

电子商务平台经营者在其平台上开展自营业务的，应当以显著方式区分标记自营业务和平台内经营者开展的业务，不得误导消费者。电子商务平台经营者对其标记为自营的业务依法承担商品销售者或者服务提供者的民事责任。

（八）乘坐网约车遇害，平台应承担相应责任

电子商务平台经营者知道或者应当知道平台内经营者销售的商品或者提供的服务不符合保障人身、财产安全的要求，或者有其他侵害消费者合法权益行为，未采取必要措施的，依法与该平台内经营者承担连带责任。对关系消费者生命健康的商品或者服务，电子商务平台经营者对平台内经营者的资质资格未尽到审核义务，或者对消费者未尽到安全保障义务，造成消费者损害的，依法承担相应的责任。

（九）擅自删差评最高将处以五十万罚款

有些产品不好，消费者记录下真实的感受，却被卖家或者平台删掉。

电子商务平台经营者应当建立健全信用评价制度，公示信用评价规则，为消费者提供对平台内销售的商品或者提供的服务进行评价的途径。电子商务平台经营者不得删除消费者对其平台内销售的商品或者提供的服务的评价。违反上述规定者，由市场监督管理部门责令限期改正，可以处二万元以上十万元以下的罚款；情节严重的，处十万元以上五十万元以下的罚款。

（十）电子支付出现错误依法赔偿

电子支付已经渗透到生活中的方方面面，当支付时出现问题，消费者该怎么办？

电子支付服务提供者提供电子支付服务不符合国家有关支付安全管理要求，造成消费者损失的，应当承担赔偿责任。

电子商务研究中心：《首部〈电子商务法〉解读报告》，http://www.100ec.cn/zt/dsfbg/，2019-08-30。

创业服务好帮手：《新〈电商法〉来了，2019年1月1日实施，天猫、京东、微商、直播巨头博弈》，http://www.sohu.com/a/252082504_621231，2019-08-30。

二、典型案例解读

ofo小黄车是一个无桩共享单车出行平台，打造了"无桩单车共享"模式，致力于解决城市出行问题。用户可通过手机解锁自行车，通过微信公众号或应用程序扫一扫车上的二维码或直接输入对应车辆编号，即可获得解锁密码，解锁骑行，随取随用，随时随地，也可以共享自己的单车到ofo共

享平台，获得所有ofo小黄车的终身免费使用权，以1换N。ofo在全球21个国家超过250座城市提供服务。其中海外运营城市超过50个，投放超过10万辆共享单车，海外用户累计提供超过1000万次骑行服务。

2018年9月，因拖欠货款，ofo小黄车被凤凰自行车起诉；同月，有网友反映称，在使用ofo小黄车应用程序时，充值押金或者退押金的时候被诱导消费。ofo相关负责人员表示，不存在误导。10月27日，又有媒体披露称ofo小黄车退押金周期再度延长，由原来1～10个工作日延长至1～15个工作日。

2018年10月至11月，ofo被北京市第一中级人民法院、北京市海淀区人民法院等多个法院的多个案件中列入被执行人名单，涉及执行超标的5360万元。2019年2月23日，天眼查数据显示，天津科林自行车有限公司（以下简称"天津科林"）与北京拜克洛克科技有限公司（ofo关联公司，以下简称"拜克洛克"）买卖合同纠纷一审民事裁定书显示，法院冻结拜克洛克银行存款145万元或查封其他等额财产。

依据《中华人民共和国电子商务法》第二十一条规定，电子商务经营者按照约定向消费者收取押金的，应当明示押金退还的方式、程序，不得对押金退还设置不合理条件。消费者申请退还押金，符合押金退还条件的，电子商务经营者应当及时退还。违反上述规定者，由有关主管部门责令限期改正，可以处五万元以上二十万元以下的罚款；情节严重的，处二十万元以上五十万元以下的罚款。

本条款主要针对电子商务经营者向消费者收取和退还押金的规定，此前，交通运输部等部门出台了《关于鼓励和规范互联网租赁自行车发展的指导意见》，针对押金问题进行了专门规定，加强了对消费者押金资金安全的监管。以共享单车为代表的共享经济模式，面对巨额资金，在制度规范和监管跟不上的情况下，被一些不良企业利用作为融资圈钱的渠道，衍生出巨大的金融风险，容易造成众多消费者经济损失。此前，广东省消费者委员会对小鸣单车拖欠消费者押金问题提起了全国第一宗共享单车公益诉讼。该案的胜诉，其意义不仅仅在于对数十万直接相关消费者权益的保护，更在于通过司法判决，明确界定押金的权属关系，鼓励免押金的服务方式，制止共享单车企业对消费者押金的任意支配使用，遏止任何利用互联网业态进行圈钱融资的企图，从而保护共享经济持续健康发展，使其更长远地惠及社会和广大消费者。对于押金问题，要明确共享单车押金退还流程和工作日时间限制，设立专用账户用于押金退还；共享单车平台、公共单车平台与个人征信系统接入，鼓励对于信用系数高的市民免收押金；最关键的是，要规范押金使用，保障资金安全。在监管下允许共享单车平台拿押金用于商业投资，但需要限制比例。

▍ 活动小结

通过对《中华人民共和国电子商务法》的具体条例的分析，张小雷认识到无论是自主创业还是在公司上班，都必须把电子商务法律当作规范自己行为的准绳，不能只顾着眼前的利益而将法律条文置之不理。因此他决定现在在实习公司继续积累运营经验，等到时机成熟后再进行创业。

▍ 项目总结

张小雷通过学习电子商务职业道德及电子商务法律，知悉了我国目前对于电子商务行业的法律法规，尤其对于国家新出台的《中华人民共和国电子商务法》有了更深刻的理解，这对于他本人的职业选择以及日常工作都有指导性的意义。张小雷在自主探究就业渠道时，学习了电子商务行业的各项规定，提升了自身的职业道德素养，为今后的就业创业打下了坚实的基础。

▍ 实战训练

一、单选题

1. 各行各业的工作人员都要（　　　　），热爱本职工作，这是职业道德的一条主要规范。

A. 兢兢业业　　　　B. 刻苦钻研　　　　C. 工作认真　　　　D. 忠于职守

2. 电子商务工作者无论是上机操作还是文字工作，都要自觉加强（　　　　）观念。

A. 学习　　　　　　　B. 道德　　　　　　　C. 保密　　　　　　　D. 遵守规则

3. 在工作中诚实守信的基本要求是（　　　　）。

A. 忠诚所属企业　　　　　　　　　　　B. 向企业反映自身困难

C. 无条件维护企业形象　　　　　　　　D. 保守企业一切秘密

4. 电子商务法是调整以数据电文为交易手段而形成的因（　　　　）所引起的商事关系的规范体系。

A. 交易形式　　　　B. 交易内容　　　　C. 交易方式　　　　D. 交易结构

5. 下列关于诚实守信的说法中，正确的是（　　　　）。

A. 诚实守信与经济发展相矛盾　　　　　B. 诚实守信是市场经济应有的法则

C. 诚实守信要视具体对象而定　　　　　D. 诚实守信以追求利益最大化为原则

二、多选题

1. 办事公道的具体要求有（　　　　）。

A. 遵从领导　　　　B. 坚持真理　　　　C. 公私分明　　　　D. 光明磊落

E. 徇私舞弊

2. 遵守执业纪律，要求从业人员（　　　　）。

A. 履行岗位职责　　　　　　　　　　　B. 执行操作规程

C. 可以不遵守那些自己认为不合理的规章制度

D. 处理好上下级关系　　　　　　　　　E. 迟到早退

3. 下列表述中，符合遵纪守法要求的是（　　　　）。

A. 学法、知法、守法、用法　　　　　　B. 研究法律漏洞，为企业谋利益

C. 依据企业发展需要，创建企业规章制度　D. 用法、护法，维护自身权益

E. 用一切手段为企业谋利

4. 世界上许多国家在近几年纷纷立法，规范电子商务活动。各国电子商务立法的特点是（　　　　）。

A. 快捷　　　　B. 兼容　　　　C. 简洁　　　　D. 改、废相结合

E. 完全一致

5. 在职业实践中，要做到公私分明应该（　　　　）。

A. 正确认识公与私的关系　　　　　　　B. 树立奉献意识

C. 将公事与私事放在一起考虑　　　　　D. 以自身利益为主，公私兼顾

E. 从细微处严格要求自己

三、判断题

1. 电子商务法是一个非常庞大的法律体系，既包括传统的宪法领域，又有新的领域。这些法律规范以私法规范为基础，同时有诸多公法规范。因而电子商务法是一个渗透着私法因素的公法领域。（　　　　）

2. 在政府的大力推动和企业的不懈探索下，我国的电子商务取得了一定的成就，但想要建立起完善的电子商务法律体系仍需付出大量努力。（　　　　）

3. 面对电子商务环境下的商业行为，建立数据电文法律制度、电子签名及认证制度，完善电子合同和电子支付的运作程序是电子商务法不可或缺的重要内容。（　　　　）

4. 《中华人民共和国电子商务法》于2018年8月31日通过并立即实施。（　　　　）

5. 《中华人民共和国电子商务法》开创了我国电子商务立法的先河，对世界范围内的电子商务

立法具有示范意义。（　　　　）

四、案例分析题

"连差评都是假的！"一些网络电商如此刷单的目的是取信于消费者，让消费者看到商家解决问题过程中化干戈为玉帛的诚意，从而相信他的店铺。一位不愿意透露姓名的业内人士爆料说，在快手等平台，有人专门发布教商家如何刷单的视频："相比其他推广模式，刷单成本低，见效快。虽然平台一直在出台各种办法打击，但仍然屡禁不止。"

在互联网时代，网购已然成为中国消费最重要的购物渠道，与每一个人的日常生活息息相关。电子商务得以壮大的核心要素是什么？毫无疑问，是流量。流量简而言之就是数据。而流量和数据得以起效的依赖则是诚信。可以说，数据决定了电子商务的业绩，而诚信决定了电子商务的成功。网购数据的真实性和纯洁性，对我国电子商务的健康有序发展至关重要。但是正如传统商贸中也存在虚假宣传和虚假广告，电子商务的数据真实性和纯洁性一直面临着巨大挑战。第一个挑战是来自不够规范的电商平台，比如微商等依靠熟人关系建立的电商渠道，在产品质量和售后保障方面都无法和正规平台相提并论。第二个挑战则来自所有电商平台面临的共同问题：刷单，尤其是恶意刷单。

刷单是指商家制造虚假购买信息和优良评价，误导消费者选购自家商品。因此刷单其实就是虚假广告的一个变种。而随着电商竞争的日趋激烈，甚至出现了不仅给自己的商品刷好评，还有给竞争对手的商品刷差评，甚至出于需要给自己刷差评的不正当竞争。如果放任刷单不管，其结果一定是劣币驱逐良币，最终导致电子商务信任机制瓦解，产业生态彻底恶化。因此，整治刷单，应成为当前时期我国电子商务领域最重要的任务之一。

事实上，近几年，从立法部门到国家主管机关，再到大型电商平台，都一直在持续努力，不断严格管理，整治刷单行为。在立法层面，从2018年施行的新《中华人民共和国反不正当竞争法》，到2019年施行的《中华人民共和国电子商务法》，以精神上一脉相承、表述上近似的条文规定：包括电子商务经营者在内的经营者不得以虚构交易、编造用户评价等方式进行虚假或者引人误解的商业宣传，欺骗、误导消费者。这明确了刷单的违法性质。

然而仅靠法律，要根治刷单是不可能的。且不说法律本身具有谦抑性的特点，就说数据的获取，在实践中就是一大难题。一旦进入法律程序，必须要有明确而有力的证据，那就必须对电商主体进行全面的清盘和监察，而诸如联系方式、交易记录、支付宝交易记录、刷手的交易记录等资料的获取，在司法的实践中，都是棘手的技术问题，更别说鉴别并证明哪些是刷单、哪些是正常交易了。

所以在法律制定的基础上，还必须依靠市场监管部门和大型电商平台的共同出击，形成法律、行政、平台三位一体的整治体系，相辅相成，相互配合，以零容忍的铁腕手段打击刷单行为，才能真正净化电商的评价空间。电商平台是商业行为所有参与主体共同的平台，所有主体在其中是一荣俱荣、一损俱损的关系，而仅靠刷单骗取消费者信任的行为总有露馅的一天。长此以往，平台也会逐渐失去消费者的信任。如此一来，刷单骗取消费的行为无异于杀鸡取卵。是求长远还是图眼前，刷单的商家应该也必须想明白！

阅读上述材料，回答下列问题。

1. 什么是"刷单"？2019年实施的《中华人民共和国电子商务法》又是如何对此类行为进行规范的？

2. 你认为如何才能解决"刷单"行为？

五、场景实训题

2019年，《中华人民共和国电子商务法》的实施给普通人的生活带来了哪些影响？请搜集资料并结合实际体验进行分组讨论，并制作成PPT上台交流。

参考文献

［1］房晓东，李翠娴，黄静，等．网店美工实务［M］.北京：清华大学出版社，2017.

［2］崔恒华．网店推广、装修、客服、运营一本通［M］.北京：电子工业出版社，2014.

［3］葛存山．淘宝网开店、装修、管理、推广一册通（第2版）［M］.北京：人民邮电出版社，2013.

［4］张成武．电子商务基础与实务［M］.北京：清华大学出版社，2017.

［5］应森林，林海青.电子商务应用基础［M］.上海：立信会计出版社，2009.

［6］刘春青．网络营销实务［M］.北京：外语教学与研究出版社，2015.